大清后宫的正面与侧面

李寅◎著

关于清宫历史，
你以为你以为的就是你以为的吗？

中国工人出版社

图书在版编目（CIP）数据

大清后宫的正面与侧面 / 李寅著. —北京：中国工人出版社，2017.4
ISBN 978-7-5008-6646-6

Ⅰ.①大… Ⅱ.①李… Ⅲ.①宫廷—生活—中国—清代—通俗读物 Ⅳ.①K249.09

中国版本图书馆CIP数据核字（2017）第073101号

大清后宫的正面与侧面

出 版 人	芮宗金
责任编辑	葛忠雨
责任校对	董春娜
责任印制	黄　丽
出版发行	中国工人出版社
地　　址	北京市东城区鼓楼外大街45号　邮编：100120
网　　址	http://www.wp-china.com
电　　话	（010）62005043（总编室）　（010）62005039（出版物流部） （010）62379038（社科文艺分社）
发行热线	（010）62005049　（010）62005042（传真）
经　　销	各地书店
印　　刷	三河市东方印刷有限公司
开　　本	710毫米×1000毫米　1/16
印　　张	15.25
字　　数	179千字
版　　次	2017年6月第1版　2017年6月第1次印刷
定　　价	38.00元

本书如有破损、缺页、装订错误，请与本社出版物流部联系更换

序言

说来奇怪，以清宫为题材的影视剧总是“高烧不退”。早年，有大火的《还珠格格》；前几年，有大家熟悉的《甄嬛传》。大家对剧中的情节和人物兴致尚未减退，不久又将推出《后宫如懿传》。按说是好事，大家通过这些内容可以了解清代历史，尤其是宫廷史，一股学习和讨论清代宫廷历史的热潮又会汹涌而至。

我看到一个现象，人们对清宫剧仍然趋之若鹜。《后宫如懿传》尚在胎腹之中，人们就已经望眼欲穿了；尤其是媒体，已经有很多编辑们撸起袖子，准备大干一场了。我感到很诧异，清宫史凭什么值得大腕、大咖们如此关注？尤其是如此不惜血本，大场景、大投入，它说明了什么问题？我梳理了一下，应该是“神秘”和“隐晦”。

神秘。它的一砖一石，每个角落，以及皇帝与后妃们的那些事儿：皇帝怎么幸宫，后妃如何生育，主子们吃喝拉撒的各种情节，发生在后宫中惊心动魄的故事，等等，都太具诱惑力了，也太神秘了，这些内容便成为人们猎奇的对象和目标。

隐晦。深不可测的宫闱秘事，吸引着人们。深宫之中，发生在那些主角身上的每一件事都是隐晦和“深不可测”的。最关键的是资料中不记载。不仅官书不记，就连笔记体的资料中也殊少记载，人们讳莫如深。举个例子，麝香，本是一种民间可见的药材，由于它的堕胎功能，而受到关注；更由于它发生在宫中女主身上，而显得倍加隐晦。

大家很关心，百思不得其解之处是，这么危险的麝香如何会在宫中泛滥成灾？小小麝香如何有这么大功效，让妃嫔们纷纷堕胎？越想不明白，越想要解开其中的谜团。迷雾一层层一重重，萦绕不断，结果是隐晦成了噱头，成为人们竞相追逐的目标，登上了大雅荧屏。

宫斗的噱头。跌宕起伏的故事情节，几十集的剧情，没有别的，人们看到的都是宫斗。今天你整我，明天我整你；今天甲妃被打入冷宫，明天乙嫔得到宠幸提拔，此起彼伏，激荡后宫。其中，人物的曲折命运深深吸引着人们争相围观。

权势的噱头。其实就是帝王的专制权势。帝王在外朝的专制和权势，资料有很多记载：罢免等级官员，杀伐对手和敌人，帝王的权威让人震撼不已。可是，帝王在深宫之中的权势会是怎样的呢？也像在外朝一样，铁面无情、充满血腥吗？一般资料见不到，却给了影视剧一个发挥的空间。

其实，甄嬛也好，如懿也罢，她们不过是作家虚构的艺术形象而已。换言之，即使有其原型，也不过是清代几百年后宫中的沧海一粟。她们人生中的是是非非：动人的情节故事，令人生羡的消费方式，意想不到的文玩雅好，都被塑造得动人心弦。这样，甄嬛和如懿备受瞩目，原因就不言而喻了。

说到这里，我突然发现，大家关注的其实都是深宫中的“阴暗面”，也就是深宫“囧事儿”：

出轨。甄嬛与果郡王的红杏出墙，让人玩味不已，实际上，这个故事有原型，是清初孝庄“太后下嫁”故事的翻版。

一丈红。就是廷杖之刑，华妃用一丈红暴打夏冬青，致其残疾。实际上是乾隆四十三年，惇妃杖毙宫女故事的翻版；光绪二十年，慈禧杖打珍妃的故事也记录在案。

巫术。安陵容施用巫术诅咒华妃。查阅史料，清宫历史上，有两次巫术事件：一次是万历年间，努尔哈赤长子褚英用巫术诅咒父汗出征失败；一次是康熙年间，皇长子胤禔诅咒皇太子胤礽，致使他首度被废。

凡此种种，《甄嬛传》中表达的都是这些“囧事儿”。这不是历史的正面内容，套用今天的流行语，它不是“正能量”。最关键的是其中有很多谬误。

比如，宫中女主的护指。我们看到，无论哪个女主，无论什么级别，她们在无名指和小拇指上都佩戴着金光闪闪的护指。我查阅了慈禧的档案，她的大拇指也佩戴着护指。而且，护指的质地并非一成不变，而是随着季节的变化而有所不同：夏季佩戴玉护指，凉爽宜人；冬季佩戴锦护指，里面有棉花，保暖防甲断；只有春秋，才佩戴金护指和银护指。

所以，有必要匡正人们认识上的误区，把正确的知识、拥有正能量的知识传递给广大读者。那么，这些“正能量”的东西，会在哪里呢？

档案中。清宫档案浩如烟海，这是研究清宫史的优势所在。一直以来，我依据这些档案，弄清了很多问题，这一点儿令我感触颇深。早年，我曾到中国第一历史档案馆查阅。皇帝的朱批奏折，名臣的奏章文牍，都让我眼前一亮。

文物中。文物承载了历史信息，传承了人类文明。我们从那些宝物中，或许看到了清宫主人生前的点滴。比如，慈禧“一笔龙”和“罗浮真影”，这两件慈禧文墨真迹，可以看出霸道的慈禧也有细腻生活的一面。

建筑中。说到这一点儿，也难怪故宫的参观者那么多，摩肩接踵，川流不息。人们都睁大眼睛，观摩高大殿宇中的豪华陈设，畅想着、还原着帝王后妃们神秘的生活方式。

或许，这些信息还蕴藏在考古发掘的明器中。

本书就是在这些档案中、文物中、建筑中、明器中极尽搜索，力图用通俗耐看的笔法，描述出清宫的正面与侧面，还原历史，也匡正谬误。倘能如此，则不胜欣慰。

李寅

2017 年 5 月 2 日

目录

第三章 深宫乐事儿

第四章 那些囧事儿

第一章

大婚和生育

01

在这里，需要特别更正，并不是清宫中皇子们的所有婚姻都是大婚，包括皇帝在内，只有那些即位之后，在紫禁城之内举行婚礼的皇帝婚姻才被称为大婚，那些即位之前就已经婚配的则只能称为结婚。所以，清朝真正大婚的帝王只有顺治帝、康熙帝、同治帝、光绪帝，至于宣统帝就很勉强了，因为他大婚的时候，清朝已经灭亡了。

帝王的生育最重要，因为他们的生育被赋予了一些特殊的意义，即从诸子中选择最优秀者作为储君。这样，帝王的三宫六院后妃成群就不是好色，而是为了“国家利益”，显得“很神圣”。清朝的皇帝把天底下的女人都视为私有财产，尤其是那些八旗女子，只有经过皇帝的选看之后，才可以嫁人。进宫的女人，则肩负起了很重要的使命——为皇帝生儿育女。

秀女进宫

“选秀女”是清朝皇帝选女人的专有名词，别人是不能随意使用的。所以，一提“选秀女”那就是清朝皇帝在选女人、找老婆呢。

两条道路

清宫选秀女，是顺治帝的发明。顺治十年，顺治帝力排众议，坚决废掉了中宫皇后博尔济吉特氏，这虽然引起了孝庄太后的不满，但不管怎样，顺治帝实现了自己的意愿。可是，孝庄太后岂能甘心？又操持顺治帝选新的皇后。顺治帝提出了自己的想法：“应该在满洲和蒙古两个民族的官僚中选择优秀的女子。”就这样，选秀女开始了，虽然选出来的皇后还是很不如意，但不管怎么说也是选出来的，而不是某个人强行安排的。

按照顺治帝的想法，选秀女就是给自己找老婆。可是，经过历代皇朝的发展，就不是那么简单了。

经过户部选择的秀女有两条出路。一是进宫，成为皇帝的老婆。对于那些即位后就成年并大婚的帝王，这种选秀女的目的非常明确。这又分为两种情况。

一种情况是皇帝做不了主的选秀女。比如，顺治帝之后的康熙帝、同治帝、光绪帝等，他们的大婚选秀女活动完全操纵在太后手中。康熙帝选秀女操纵在孝庄太后手中，同治帝选秀女操纵在慈安太后手中，光绪帝选秀女则完全操纵在慈禧太后手中。相应地，这些秀女的命运也就操纵在这些太后的手中。比如，为康熙帝选进的秀女，谁做皇后，谁做妃子，皇帝说了不算，由孝庄太后做最后的安排。孝庄太后根据政治形势，安排了索尼的孙女赫舍里氏为中宫皇后，而遏必隆的女儿则只能屈居其下。比如，同治帝的几位秀女，慈安太后喜欢阿鲁特氏，就由她做了中宫皇后，其他的几位只能做妃嫔。光绪帝则由着慈禧太后的爱好安排了。不过，这些秀女的出路，也会随着时间的推移而发生变化，比如，康熙十三年孝诚皇后去世，康熙帝开始按照自己的意愿安排接班人，之后的两位皇后孝昭皇后和孝懿皇后都是他自己决定的。

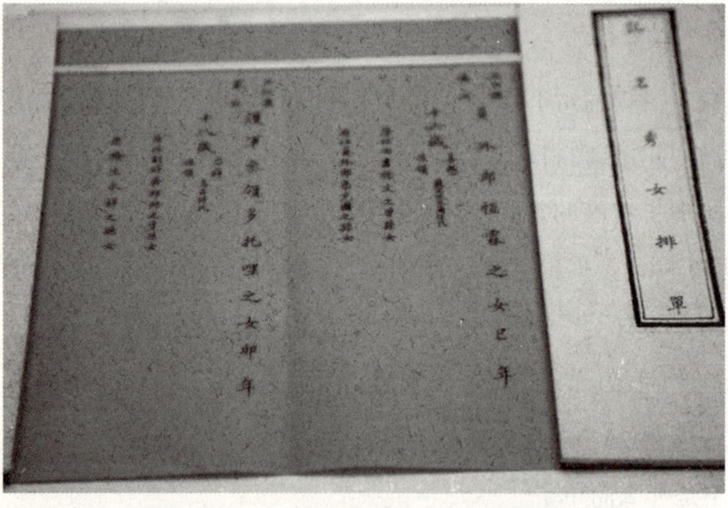

△ 清代《记名秀女排单》，详细记录每名秀女的年龄和其父亲、祖父、曾祖父的职位

另一种情况就是成年皇帝的选秀女，完全由皇帝自己做主。虽然制度规定，每三年选一次秀女，由户部主持，但是，皇帝需要多少后妃嫔御，并不是完全按照成宪规定，有时变化很大。比如，康熙帝就大大多于规定的数量；雍正帝、嘉庆帝、同治帝、光绪帝就大大少于规定的数量。我想，这主要是取决于两个因素：第一，取决于皇帝的兴趣。历史记载，康熙帝对女人的兴趣很浓厚，在十一二岁的时候，就有很多侍奉的女子怀孕，再不结婚就有伤君德了，所以，在康熙帝12岁的时候，孝庄太后就急急忙忙安排了皇帝大婚。而雍正帝则完全相反，他无比勤政，几乎无暇到后宫去，所以，后宫的女子相对较少。第二，取决于皇帝的权力，如果皇帝做不了主，事事听命于别人，他的后宫妃嫔的数量就会大受影响，比如，同治帝和光绪帝，他们的女人甚至不如王公大臣多。当然，环境也会影响皇帝的妃嫔数量，比如，咸丰帝虽然非常好色，但由于战争连绵而不敢过于奢靡。

二是进入王府，成为皇子王爷们的女人。三年一度的大选秀女，不可能只供皇帝选妃嫔，此外很重要的用途，是为皇子们选择女人。那些50岁以上的老皇帝，选秀女的主要目的尤其如此。

我说明一下，对于皇子们的女人，皇帝最关心的就是正妻，这要由皇帝亲自选择指婚，其他的女人，皇帝一般听之任之。以康熙帝的两个皇子为例进行说明。

皇太子胤礽。他的正妻是瓜尔佳氏，康熙帝经过精心考察，认为她太合适不过了。很明显，当时的太子妃就是将来的中宫皇后。康熙帝认为她至少两点合格：第一，出身名门，她的父亲石文炳是正白旗汉军都统，一品大员；第二，素质很高，康熙帝亲自考察了这个女子，认为她淑慎贤良，聪颖过人，完全符合标准。

皇八子胤禩。胤禩的正妻是郭络罗氏，这个女人也是康熙帝亲自选中的。因为康熙帝喜欢胤禩的才能，对他寄有厚望，希望给他找一个贤妻来辅佐，于是，选中了郭络罗氏作为胤禩的正妻。康熙帝看中了郭络罗氏的这些特点：第一，出身王室贵族之家，郭络罗氏的外祖父是安亲王岳乐，母亲是郡主；第二，郭络罗氏精明能干，远近闻名。

这就是清宫选秀女的两条基本出路，一是进紫禁城，成为皇帝后妃；二是进王府，成为皇子们的女人。

被惊吓的汉女

谁不愿意进宫成为皇帝、皇子的老婆呢？一旦进入皇宫，不仅有享不尽的荣华富贵，而且家属可以沾光，所谓“一人得道，鸡犬升天”。可是，令人不解的却是清朝的汉女不愿意进入皇宫，不想嫁给皇帝当老婆。这是为什么呢？原来，清朝有个规定把她们吓破了胆，即“汉女入宫者斩”。

为什么要斩杀汉女呢？她们入宫也是给皇帝当老婆啊，原来这句话是大有来头的。一是源于清朝开国之初的婚姻政策——“满蒙联姻”，即满族和蒙古族联合。努尔哈赤也好，皇太极也好，顺治帝也好，他们的后宫有很多蒙古人。这主要是政治需要，满洲和蒙古联合，构成坚强的政治联合体。军事上也是一样，军事的联合，就决定了婚姻上的联合。最明显的就是皇太极的婚姻。他最主要的几位后妃，几乎是清一色的蒙古族，这是明显的政治婚姻。二是孝庄太后的主意。孝庄太后的儿子顺治帝大婚之时，孝庄太后就打算一定要让自己本家博尔济吉特氏的女子入主中宫，将来生子接班，掌握大清朝的政治命运。所以，孝庄怕汉人女子进宫会混淆了他们纯洁的民族血统，这是典型的“血统论”。孝庄提出了“汉女入宫者斩”的论调，并把这道懿旨挂在神武门上吓唬人。

可是，孝庄的如意算盘打错了，她的儿孙们并不遵守她的这道懿旨，

△ 神武门

或是表面上遵守，实际上违背。我们看看具体情况：

顺治帝。顺治帝喜欢汉女我想大致有两个因素：一是受汉文化的影响，喜欢汉女；相反，他对母亲安排的5位蒙古女子却不喜欢，基本与这些蒙古女子分居，所以一个孩子都没生。二是叛逆，叛逆他母亲的安排。顺治帝甚至想把他的后宫都充斥汉女，不过这是不可能实现的。尽管如此，他的后宫汉女并不少，像恪妃石氏，以及唐福晋唐氏、庶妃陈氏、庶妃杨氏等。这就完全违背了他母亲的意愿。

康熙帝。之前我说过，康熙帝不管是生命，还是帝位都是奶奶给的，所以，康熙帝最听奶奶的话。可是，奶奶去世之后，尤其是康熙帝多次南巡后，他喜欢汉文化的那种文人情怀就不时流露了出来。所以，在康熙帝的后宫之中，便涌进大批汉女：顺懿密妃王氏，以及高氏、董氏、石氏、陈氏、李氏、袁氏、张氏、易氏、刘氏等，都是康熙帝南巡时带回来的江南女子。而顺懿密妃王氏最得宠，居然给他生育了三个皇子。

雍正帝。雍正帝的后宫中，汉族女子的嫌疑更重，比如，齐妃李氏、谦妃刘氏、宁妃武氏、懋嫔宋氏、李贵人李氏等。这里面，有一个人的身份不得不说，那就是大名鼎鼎的甄嬛，也就是后来的孝圣宪皇后。关于这个女人，之前我们讲过，乾隆即位之后，她的姓氏有过变化：雍正朝，姓钱；乾隆即位，改为钮祜禄氏。我想，如果她真的姓钱，那么，这个甄嬛就一定不是满族，而是汉族女子了。这个问题，民国年间清史专家王闿运专门考证过，认为她是承德人钱氏。

至于后来的乾隆帝、嘉庆帝、道光帝、咸丰帝等，他们对于汉女的兴趣更不会减弱，只能更为强烈——尤其是乾隆。乾隆帝风流倜傥，仿效爷爷康熙帝六下江南，他的后宫汉女当为不少。咸丰帝则不仅喜欢汉女，连汉女中的寡妇或者是妓女都敢染指，所以，他的身体用四个字来概括——“面黄肌瘦”。后来，他的儿子同治帝即位，也学他出入烟花柳巷，以致被那些汉族妓女毁掉了龙体。

所以，大家看看，孝庄所谓“汉女入宫者斩”，其实不过是一句吓唬人的口号而已。

选秀女遇到的意外事儿

本来，选秀女是清朝皇帝很乐意做的一件事，也是师出有名的一件事。可是，清朝的皇帝在选秀女的时候也会遇到很多意外的事件，以三个清朝皇帝为例，说说他们的处理方式。

先说乾隆帝。乾隆帝 25 岁即位，在位 60 年，其后又做了 3 年 4 个月的太上皇。那么，这个长寿皇帝在选秀女的时候，遇到意外事件是怎

△ 乾隆帝汉装像

样处理的呢？

一是理屈词穷，瞎狡辩。关于选秀女，清朝明文规定，八旗女子只要满 14 岁的，就要参加三年一度的选秀女。同时，也明确规定，那些有病的、身体不合适的女子，尤其是患有传染病的女子，就要等病好了再参加。这里面有一个问题，因为是三年一次选秀，如果错过本次，到下一次的时候，就已经是 17 岁以上了，在那个时候就算超龄女子了，也就是大龄女子。所以，一般女子只要到了选秀年龄，就赶紧参加，免得到下一届的时候超龄。女子一变成大龄就不好办了，主要是家长担心嫁人困难。所以，乾隆六年，发生了这样一件事。闽浙总督德沛和两广总督马尔泰分别上书，要求双方儿女成婚。这里主要是马尔泰，他的女儿已经超过 17 岁，看来是在选秀女的时候正在患病，所以没有参加选秀，就想嫁给闽浙总督的儿子恒志。乾隆帝一看奏折，勃然大怒，批驳马尔泰说：“你女儿没参加选秀就嫁人，你还有良心吗？即使她超龄了，那也怨不得我，谁让你不及时参加选秀女呢?”马尔泰说:“当时正有特殊情况,不然肯定不会错过了。”乾隆帝大怒道:“你什么也不要说了,赶紧来北京,我要当面训斥你!”大家看,乾隆帝显然理屈词穷,瞎狡辩。

二是恼羞成怒,乱杀人。关于乾隆帝,还有一件选秀女的尴尬事。乾隆四十三年,有个锦县生员金从善在乾隆帝东巡途中,拦住乾隆的轿子上书一封。乾隆一看,非常尴尬。里面说的什么内容呢?两点:其一,为当年那拉皇后事件下诏罪己;其二,建议大选秀女,从中选立一位优秀的做中宫皇后。乾隆帝备感尴尬,他说:“我都68岁了,年过花甲,还要选秀女,还要立皇后,这不让人笑话吗?”乾隆帝在尴尬之余,决心重重处置这个大胆的金从善,他下令把金从善斩立决。

再说道光帝。大家知道,道光帝39岁即位,在位30年,69岁去世。道光帝在选秀女这个问题上,最大的尴尬事就是他选择了一群比自己小几十岁的孩子入宫为妃,因而非常难相处。我们先看看那些孩子都比道光帝小多少岁:孝全皇后小26岁,孝静皇后小30岁,庄顺皇贵妃小40岁,彤贵妃小35岁,佳贵妃小34岁,成贵妃小31岁,祥妃小26岁,常妃小26岁,顺嫔小27岁,豫嫔小34岁,李贵人小45岁,那贵人小43岁,等等。大家看看,这些女孩子比道光帝小那么多,有的甚至比他孙女还要小很多,这些人和道光帝相处多尴尬啊,关键是他们之间有代沟,怎么能有共同语言呢?这也难怪道光帝经常和这些女孩子们生气、怄气,以至于她们都遭到过道光帝的降级处分。

最后说咸丰帝。咸丰三年,咸丰帝如期大选秀女,其间发生了一件尴尬事。秀女们当时都站在冷风中等待着选看,可是不知什么原因,咸丰帝就是不出来。有一个秀女等得不耐烦了,又饥又渴又冷,大声说:“南京已经沦陷了,大清半壁江山已经沦陷,祖宗创业艰难,皇上在这国难当头不干正事,反而大选秀女,只顾自己快乐,对得起列祖列宗吗?”

领班太监一听这话吓坏了，赶紧去捂她的嘴，怕被咸丰帝听见挨打受罚。也巧了，咸丰帝正好经过，尴尬之余，咸丰帝非但没处罚那女子，反而特意召见她，为她做了周到的安排。

大家看看，这三位帝王在选秀女这件事上，竟然留下了这些让人啼笑皆非的尴尬事。

皇帝大婚之后

与普通人不同，皇帝的婚姻备受世人瞩目。婚姻和家庭中看似平常的一件事情，就会对帝王甚至对整个国家产生重要影响。所以，走进皇帝的婚姻，就能够洞察到最核心的历史。

不堪回首的大婚

什么叫“大婚”呢？这可是一个专门用语，专指皇帝结婚，其他人可不敢使用。那么，这里就要指出，并不是所有的皇帝结婚都是大婚。那些成年继承皇位的帝王，他们结婚时并不是帝王，就不能叫大婚了。比如，入关之后的雍正帝，45 岁即位，那时他已结婚多年了；比如乾隆帝，25 岁即位，也结婚多年了；又如嘉庆帝，36 岁即位，早就结婚了；道光帝 39 岁即位，也早就结婚了；等等。他们结婚的时候只是皇子，所以只能叫作结婚。

清朝称得上“大婚”的帝王，一般来讲，不算末代皇帝溥仪，只有

◁ 孝诚仁皇后，因难产而死

四位：顺治帝、康熙帝、同治帝、光绪帝。这四位帝王都是少年即位，亲政前大婚，以表示成年，可以乾纲独断。按理，帝王的大婚，风光无限，天下皆知，肯定幸福得不得了。可是，我们考证到，这些清朝大婚的帝王却都是以喜剧开始，最终以悲剧而结束。就让我们一一分析吧。

顺治帝的悲剧大婚。顺治帝 6 岁即位，到顺治八年 14 岁时，他的母后孝庄开始为他安排大婚事宜。他大舅的女儿博尔济吉特氏从大清门进来，完成大婚，成为从大清门进来的第一位中宫皇后。可是，这个女人高高兴兴嫁进来 3 年后，也就是顺治十年八月，被顺治帝拼死废掉，最终不堪凌辱，凄凉地回到了她的娘家。紧接着，过了大半年，顺治十一年六月，又一个博尔济吉特氏从大清门进来，成为顺治帝的第二位皇后。可悲的是，顺治帝仍然非常不喜欢，认为这是一桩讨厌的政治婚姻，不仅不和她同房，而且到顺治十五年故技重演，企图再度废后。由于孝庄极力阻止，顺治帝没能够实现，只收回了她的签字权。从此之后，那个可怜的女人在冷宫中空守岁月，直到顺治十八年正月初七，顺治帝死去，整整守了7年活寡。

康熙帝的悲剧大婚。康熙帝8岁即位，康熙四年九月，刚刚12岁就举行大婚典礼，比他大一岁的赫舍里氏从大清门走进紫禁城，成为康熙帝的中宫皇后。可是，这段看似美满的婚姻，却发生了一系列悲剧事件，而这些悲剧事件都和她的生育有关。第一次悲剧是皇子承祜年仅5岁即夭亡，都还没来得及序齿，为此赫舍里氏曾一度卧病在床。第二次悲剧是康熙十三年，赫舍里氏再次临盆待产，却不幸遭遇了一次刺激事件，即假朱三太子杨起隆火攻京城。受到惊吓的赫舍里氏因难产大出血而身亡，年仅22岁。赫舍里氏与康熙帝青梅竹马，两小无猜，加上长康熙帝一岁，通情达理，落落大方，深得康熙帝宠爱。赫舍里氏的不幸去世，令康熙帝悲痛欲绝。

同治帝的悲剧大婚。同治帝6岁即位，慈安、慈禧两宫太后垂帘听政。按照祖制，皇帝14岁即应该大婚亲政。可是，贪权的慈禧太后不想交权，使同治帝大婚一拖再拖。直到同治十一年，同治帝已经17岁了，不能再拖了，慈禧才不得不宣布为之举行大婚典礼。同治十一年九月，比同治帝大两岁的阿鲁特氏从大清门走进紫禁城，高高兴兴地成为坤宁宫的主人。可是，这个涉世未深的女孩子不知道，她走进了紫禁城，就等于走上了一条不归路，因为她的婆婆和对手是强大的慈禧太后。果然，同治十三年十二月初五，同治帝病逝，之后仅仅75天，不堪凌辱的阿鲁特氏吞金身亡，结束了自己年轻的生命。

光绪帝的悲剧大婚。光绪帝4岁即位，慈禧太后继续垂帘听政。光绪帝是一个地道的傀儡天子，期盼大婚亲政的愿望一次次落空，直到光绪十五年正月，他已经19岁了，才举行大婚典礼。可这是一场悲剧性的大婚。政治婚姻的性质，让光绪帝深恶痛绝，他从来不到皇后的寝宫去，因为那是慈禧的侄女，怀有监督光绪帝的特殊使命，帝后二人一生抵牾。接着，光绪帝的妃子珍妃，因为得到帝宠而被慈禧嫉恨，在光绪二十年十月，遭到褫衣廷杖，被打得奄奄一息；到光绪二十六年七月，慈禧太后和光绪帝西逃之前，又被慈禧太后狠心扔进井中淹死，年仅23岁。所以，光绪帝的大婚是真正的悲剧大婚。

就连末代皇帝溥仪的所谓“大婚”，也是以悲剧结束的。在他的两个后妃中，淑妃文绣与他离婚，竟然“休掉”了皇帝，使他颜面扫地；而皇后婉容不仅红杏出墙，私通侍卫，最后还抽上了大烟，精神失常，死于狱中，连葬地都不知道在哪里。

意想不到的“甄嬛”

清朝皇帝中，雍正帝的婚姻出人意料。这个神秘的雍亲王在做皇子的时候，就已经结婚了。不过，他45岁才继承皇位，他的婚姻就是皇子的一般婚姻。这个四阿哥的婚姻又有什么令人意外的呢？

史料并未记载四阿哥是什么时候结婚的，不过，史料明确指出是康熙帝赐婚的。这很好理解，因为康熙帝规定，他的成年皇子的正妻，必须由他来选择，侧福晋就不怎么管了。这样，到了四阿哥结婚的年龄，估计也就是十三四岁，康熙帝相中了内大臣费扬古的女儿乌喇那拉氏作为四阿哥的正妻，让两个人结婚了。婚后，到康熙三十六年三月二十六日，那拉氏生育了胤禛的第一个皇子，这立即引起了康熙帝的注意——这个孩子被寄予希望，取名叫作弘晖。可是，让康熙帝大感意外的是，这个孩子仅仅活到8岁就殇逝了。这让康熙帝非常失望。之后，这个女人一直没有生育，直到康熙帝晚年，她已经四十多岁，大概丧失了生育能力。雍正帝则对这个皇后更有意外之处，那就是这个女人的身体居然如此糟糕。雍正八年，雍正帝得了一场大病，本来皇后一直在旁伺候，没想到第二年，他逐步康复了，皇后却一病归天。雍正帝本想前往见最后一面，给她去压舌，不过，大臣们极力阻止，没有成行。

除了对那拉氏失望和意外之外，对于雍亲王的婚姻，康熙帝有一个意外的大收获。那就是康熙六十一年春季，胤禛和他的一次浪漫之约。在牡丹花盛开的季节，康熙帝被邀请赴胤禛府邸赏花作诗。这次很浪漫、很温情的游玩，让康熙帝居然有两个大大的意外收获。

一个是遇到了 12 岁的孙子弘历。康熙帝到这个时候，儿孙成群，孙子不知道有多少了，以至于弘历已经 12 岁了，康熙帝居然没有印象。第一次见到这孩子，康熙帝便紧紧盯住他，都不舍得移开目光。太喜欢了，这孩子长得天庭饱满，地阁方圆，聪明伶俐，非常流畅地背诵了周敦颐

◁ 孝圣宪皇后

的《爱莲说》，声音洪亮，吐字清晰。康熙帝说出了令在场所有人大吃一惊的话：“这个孩子的福气将超过我。”

二是遇到了一个意想不到的儿媳妇。康熙帝因为惊讶弘历的才貌，而命令把他的母亲叫来，想一睹芳容。可是，当弘历生母跪在他面前的时候，康熙帝忍俊不禁，几乎失声笑出来，太意外了。这个女人怎么长成了这个样子：方盘大脸，浓眉大眼，女人男相。可是，康熙帝作为公公，怎么能失态呢？于是，他灵机一动道：“有福之人，有福之人。”从而化解了这场危机。

乾隆帝的生母，也就是大名鼎鼎的熹贵妃，我们通常所说的“甄嬛”。在雍正帝即位之后，对这个其貌不扬的“甄嬛”很是另眼相看：

第一，“甄嬛”很有能力，很有担当。熹贵妃由熹妃晋升为熹贵妃，一路走来，扎扎实实，稳扎稳打，从不失手。在雍正三年，年贵妃去世，她升为后宫二把手，辅佐皇后；雍正九年九月二十九日，中宫皇后病逝，她以熹贵妃的身份打理后宫事务。雍正帝对她非常放心，没有再立其他女人，对她的能力给予充分肯定。

第二，这个“甄嬛”身体太好了。这让雍正帝非常意外，也非常欣慰。熹贵妃似乎没闹过什么毛病，身体一直棒棒的，吃得饱，睡得着。直到雍正帝去世，她还健康地活着，到乾隆帝即位，她成为皇太后，她爱好旅游，到杭州、到泰山、到盛京、到五台山，游山玩水，享不尽的荣华富贵。直到乾隆四十二年，她以 86 岁高龄谢世。

所以，雍正帝的婚姻令康熙帝和雍正帝本人都大感意外。

抑郁十三年

我一直说嘉庆帝不聪明，当然，这不是我妄自下的结论，嘉庆帝自己也这么说，说自己“秉性鲁钝”。秉性鲁钝，就是很笨的意思，不能灵活处事。今天，我们从嘉庆帝安排嫡子道光帝的婚姻大事上看，仍然脱离不开“鲁钝”这两个字。到后来，我想嘉庆帝自己都感觉到了这一点，因为他确实看走眼了。

道光帝是他早就相中的接班人，因为他是嘉庆帝原配喜塔腊氏，也就是孝淑睿皇后所生，排行又在前面。紧接着，嘉庆帝还要为道光帝以后的事着想。于是，嘉庆帝在位期间，积极安排这个秘密储君的婚姻大事，以便实现自己往下传位的既定目标。

遵照父祖乾隆帝和雍正帝的做法，道光帝的正妻一定要选好，其中最应该重视的就是要出身名门望族。嘉庆帝经过慎重选择，选中名门大户出身的钮祜禄氏，也就是满洲镶黄旗人户部尚书兼步军统领布彦达赉的女儿，这可太门当户对了。于是，在嘉庆元年正月二十一日，为他们主持了隆重的婚礼。嘉庆帝心里明白，这个迎娶的儿媳妇就是将来的中宫皇后。可是，接下来的事儿令他沮丧地意识到，这桩让他沾沾自喜的婚姻看走眼了。

第一，这个女人不生育。大家想想，嘉庆帝这么重视钮祜禄氏的目的就是要她生出皇子将来接班。可是，令他大失所望的是，这个儿媳妇结婚多年，肚子一直没有动静，一直到嘉庆十三年，道光帝26岁了，还膝下无子，这可怎么办啊？选了半天选个女人还不能生育，这令嘉庆帝懊恼不已。

第二，这个女人短寿。钮祜禄氏不仅不能生育，还非常短寿。到嘉庆十三年，她居然一病归天，就这样死了。没办法，嘉庆帝还得好好送这个儿媳妇上路。要不怎么说嘉庆帝厚道呢，他特地叮嘱，这个女人的棺罩要用黄色。大家一看就明白了，黄色是皇帝和太子专用的颜色，这明显是向世人泄露了储君到底是谁。

为了这个女人，嘉庆帝可以说是绞尽脑汁，选名门，高待遇，可是，还是让他大失所望。接下来，他还得继续选啊，那能怎么办！给道光帝选继妃，目的不还是生孩子吗？还是那个标准，出身高贵，名门望族。终于找到了，这位是佟佳氏，满洲镶黄旗人，杭州将军舒明阿之女，无论出身，还是门第都可谓门当户对。嘉庆十三年，钮祜禄氏一死，过了几个月，道光帝就把佟佳氏迎娶进来。嘉庆帝再三祈祷：这个一定不要让我失望，一定要生出皇子来。可是，这只是嘉庆帝的一厢情愿，不管他怎么期盼，这个儿媳妇也没有让他如愿。直到婚后第 5 年虽然她终于临盆生产，可是，嘉庆帝还是很失望，因为生下的不是皇子，而是一个公主。从此之后，嘉庆帝再也没能看到佟佳氏怀孕生子。嘉庆帝再次失望，又看走眼了。

不过，这个时候的嘉庆帝，就有了疑问：他怀疑自己的眼光是不是有问题，自己选中的这个接班人本身是不是有问题。若是道光帝生不出皇子，那样的话可就坏了，因为大清就会绝嗣。所以，他非常着急，怕出问题。当然，道光帝也是心急如焚。他一看正室不能怀孕生子，赶紧另想办法，就和那些伺候他的宫女们好上了。一努力，果然不负众望，到嘉庆十三年四月，正当嘉庆帝懊恼不已的时候，传来了一个天大的好消息，一个姓那拉氏的宫女生下一个男婴，这就是道光的长子奕纬。至此，嘉庆帝才如释重负——自己选中的接班人道光帝没有问题，是自己看上的两个女人出了问题。

嘉庆帝虚惊一场，担忧了整整 13 年，太煎熬了，也太可怕了。

△ 嘉庆帝像

在皇帝的金屋里

皇帝与后妃们的那些事儿，尤其是夫妻之事和子女之事，是不能被外人知道的。他们也会像普通人一样大声的争吵，有温存的爱情；而对于子女，更会有望子成龙的奢望，也会有安排子女婚姻大事的责任。这些事儿都发生在神秘莫测的后宫之中，今天的人们很愿意走进皇帝的金屋，一探究竟。

皇帝这样幸宫

皇帝幸宫，是一个大家非常感兴趣，又令人备感神秘的事情。对此，很多民间野史传得沸沸扬扬，影视作品也是大加渲染。但是，大都没有抓住要害，或根本就是瞎编出来的。那么，清朝皇帝究竟怎么幸宫呢？

首先是幸宫妃嫔的方式。按照规定，皇帝的后宫配有一定数量的妃嫔。究竟什么时间召幸什么人，有明确的规定。比如每年的大年三十，正月初一、初二，皇帝必须在皇后寝宫中过夜。可是，皇帝毕竟是皇帝，

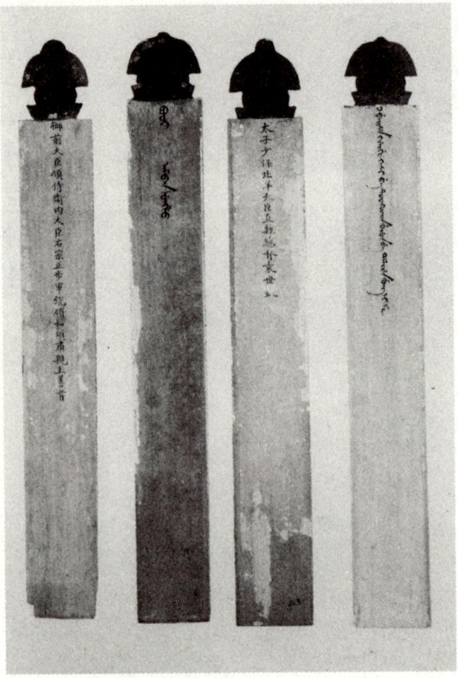

◁ 后妃绿头牌

他有至高无上的权力，这种宫闱秘事究竟怎么样安排，还是由皇帝自己临时做主。至于这三天法定要求之外，皇帝召幸哪些妃嫔就不受制度的约束了。最主要的要看皇帝的心情和记忆了。皇家实行两餐制，晚餐一般在下午 3 点左右。吃完晚餐，皇帝按例要看绿头牌，绿头牌上书写着妃嫔的年龄、旗籍、封号等，皇帝看着牌子，回忆着每个妃嫔，喜欢谁就翻谁的牌子。总管记下牌子，通知其做好准备。当然，有些特殊状况的妃嫔，比如有病、来好事儿的，都要撤下牌子，不再呈递给皇帝。对这件事把关的应该是皇后，她负有这方面的职责。

其次是幸宫妃嫔的地点。我们看过一些文艺作品，皇帝喜欢谁，就会去谁的寝宫，但这是不可能的事情。皇帝以天子至尊，不会去一个女子的寝宫里面，这样会降低皇帝的威严，此其一。还有就是安全问题。妃嫔虽然居住在东西六宫，但是，毕竟是分散的居所，安全问题不好控制。所以，这些被召幸的女子一律到皇帝的寝宫。顺治帝和康熙帝在乾清宫，雍正帝出于更多考虑，把皇帝寝宫移到了养心殿。当然，皇帝并不是总待在紫禁城内，每年大部分时间会在圆明园或者避暑山庄度过，如果在行宫里面，当然就不管这些制度了。有资料记载，咸丰帝不上朝，总在慈禧寝宫里面寻欢，慈安就顶着祖训，跪在寝宫外面大声诵读，咸丰帝一听便匆忙穿上衣服上朝去了。这其实是作者虚构的情节，皇帝如果在紫禁城里面，绝对不会到慈禧寝宫去，这不符合祖制。

最后是皇帝幸宫的细节。有资料说，皇帝临幸某妃嫔，得到通知的妃嫔便脱光衣服，被太监用毯子包裹着抬到养心殿去，作者之所以这么说，就是为了皇帝的安全。妃嫔赤裸裸来，一丝不挂，皇帝绝对安全。但这是不可能的事情。清朝的皇帝非常务实，也没有人们想象得那么专制，他们也很尊重女权，不会如此不顾妃嫔们的感受。还有的资料说，皇帝幸宫完事，太监或总管问："留不留"，皇帝答"留"则留，否则，由专门人员按压穴位挤出精液，我想这绝对是虚构的。皇帝十分重视后妃的生育，不管是皇子还是公主都要精心抚养，他们的母亲因为生育还会得到赏赐或晋升。

总之，皇帝幸宫无论是地点还是方式，都不会太为神秘，文艺作品大多为吸引人眼球而任意虚构，不可全信。

谁是生育冠军

清朝皇帝的生育有两种：一种较为正常，寿命长的、在位时间长的皇帝，相比那些短命皇帝来讲，生的孩子就多，比如康熙帝和乾隆帝；另一种较为反常，比如末代三帝，同治帝、光绪帝、宣统帝竟然一个孩子也没生，真是奇怪极了。

△ 康熙大帝

我们不妨分析一下，清代这些帝王在生育方面都有哪些差异，进而分析这些帝王的特征。

首先，分析一下清初三帝，努尔哈赤、皇太极和顺治帝。努尔哈赤一生 17 个后妃中，11 个有过生育，共生育了 24 个子女，只有一个庶妃生育了 5 个子女，反映出努尔哈赤无暇顾及后宫，常年征战在外的生活状况。皇太极则恰恰相反，14 个后妃几乎都有生育，只有一个康惠淑妃博尔济吉特氏没有生育，那是她本人确实有问题，因为她嫁给皇太极之前是林丹汗的妻子，之前也没有生育，这反映出皇太极爱江山更爱美人的浪漫情怀。顺治帝的生育情况则需要好好分析一下，他虽然仅仅活了 24 岁，也只有 10 年的婚姻，可是后妃人数却达到了 32 人，这充分说明当年汤若望批评他好色是有依据的。尽管如此，顺治帝的后宫却有一个非常奇怪的现象，32 位后妃中仅有 12 位生育了孩子，另外 20 位后妃是没有生育的。顺治帝年纪轻轻，又有好色的传闻，却有这么多后妃没有生育，只能说明一个问题——顺治帝是很叛逆的。他的女人大部分是他的母后孝庄选择的，顺治帝对此极其反感，因而故意不去召幸她们。很明显的一个例子就是 6 个蒙古族的后妃中，没有一个生育孩子的，这就是他在挑衅孝庄的干预。

其次，我们看一下盛世三帝，康熙帝、雍正帝和乾隆帝。这三位帝王的后宫最有规律可循，盛世帝王必有可圈可点的后宫。第一，产生了三位生育冠军，康熙时期两个冠军：一是荣妃马佳氏，这个女人生育了 5 个皇子和 1 个公主，其中最著名的就是康熙帝皇三子胤祉；二是德妃乌雅氏，生育了 3 个皇子和 3 个公主，其中最著名的就是雍正帝和十四王胤禵。乾隆时期一个冠军，即孝仪纯皇后魏佳氏，她生育了 4 个皇子和 2 个公主，其中最著名的就是嘉庆帝颙琰。第二，产生了三个老寿星，康熙帝、雍正帝、乾隆帝时期各一个：康熙帝的定妃万琉哈氏，活了 97

岁；雍正帝的纯懿皇贵妃耿氏，活了96岁；乾隆帝的婉贵妃陈氏，活了92岁。不仅如此，我们从这三位帝王后妃的生育中，也能看出他们的特征。康熙帝55位后妃中，30位有过生育，占了一半以上，说明康熙帝的后宫生活基本和谐，后人一致认为是温暖的后宫；雍正帝25位后妃中只有7位有过生育，绝大多数没有生育，说明了雍正帝勤政工作，无暇顾及后宫的说法是真的；乾隆帝41位后妃中，只有10位有过生育，31位后妃没有生育，充分说明乾隆帝具有冷漠无情的性格特征。

最后，看看清朝的中衰二帝，嘉庆帝和道光帝。这两个帝王的后宫一如他们的执政水平，具有两个特点：一是生育平淡，嘉庆帝生育了14个子女，道光帝生育了19个子女，以帝王后妃如云的情况分析，比较正常，平淡无奇，没有产生生育冠军；二是后妃平淡，两个皇帝的后妃几乎没有大的波澜，也没有产生老寿星，大家几乎记不住她们的名字，正如记不住嘉庆、道光的政绩一样，平淡无奇。

咸丰帝是清朝仅有的一位风流天子。因为风流，他自食其果：一是寿命短，31岁咯血身亡；二是子女少，18位后妃中只有3位生育过，其中的2位皇子也只活了1位，即慈禧的儿子载淳。咸丰是清朝有子女帝王中最少的一位，他的风流早逝最直接的后果就是把皇位交给了6岁的儿子，也就等于交给了慈禧，从此大清江山改姓叶赫那拉，这难道不是咸丰帝应负的历史罪责吗？

到这里我们可以看出，清朝皇帝中的生育冠军不是别人，正是被称为“大帝”的康熙皇帝，他一生有55个后妃，生育了55个子女。生育最少的是咸丰皇帝，他的18位后妃却只生育了3个子女。咸丰之后的3位帝王则干脆就一个也不生育了。

可叹生在帝王家

按说皇子和公主出生在帝王之家，那简直是太幸福了。生活无忧，呼奴唤婢，吃的用的都是人间极品，那生活水平简直就是“天上人间”。可是，当我们走近这些皇子王孙、金枝玉叶的时候，却发现有很大反差，甚至感觉他们就是一群可怜的孩子。现在，带领大家走进他们的生活。

断奶，不许吃母乳。现在生小孩子，大夫会告诉你，一定要吃母乳，什么好的贵的奶粉也不如母乳的营养好，是最适合婴幼儿的。这个道理今天的老百姓都知道，那个时候的老百姓也知道。可是，清宫的皇子、公主们却是例外。他们一生下来就要被抱走，皇帝会配给很多奶妈来喂孩子吃奶。产妇则另行安排，御医会按照惯例，马上给产妇配置回乳汤，就是不让她们产奶。今天想来，这样做应该是为了照顾皇帝，一是怕产妇身体走形，二是怕陪着皇帝不方便，所以，干脆不让她们产奶。大家想想，小孩子不能得到母爱多可怜。他们最亲近的人不是亲生母亲，而是乳母。乳母的选择是有讲究的，一定要刚刚生产过、相貌端庄、第二胎的年轻旗人少妇。乳母和小孩子就此建立起深厚的感情。我们在历史上会看到这样的实例，比如顺治帝尽管很叛逆，不要说王公大臣的话不听，就连母后孝庄的话也不听，可是，要是乳母出面那就不一样了。顺治十六年，郑成功反攻大陆，势如破竹，顺治帝吓坏了，他先是想逃跑回到东北去；在遭到孝庄的痛斥后，又想御驾亲征，这可急坏了大家，最后大家把乳母李氏叫来，使顺治帝急躁的情绪得到了缓解，尽管最终没起到决定作用，但还是很管用的。

苦行僧，像现在应对高考一样苦读书。清朝皇子们的少年生活非常苦，真像我们今天备战高考的孩子们一样。皇子们入学的年龄很小，虚

△ 道光帝行乐图

岁6岁就要进入上书房读书。皇子们要几点起床去学习呢？清人赵翼在《檐曝杂记》中曾有生动的描述："本朝家法之严，即皇子读书一事，已迥绝千古。余内直时，届早班之期，率以五鼓入，时都院百官未有至者，唯内府苏喇数人往来。黑暗中残睡未醒，时复倚柱假寐，然已隐隐望见有白纱灯一点入隆宗门，则皇子进书房也。吾辈穷措大专恃读书为衣食者，尚不能早起，而天家金玉之体乃日日如是。"赵翼并没有夸张，皇子们不仅要早起，还要坚持很长时间，就是"卯入申出"，即早晨5点至下午3点，共计10个小时。读书时要正襟危坐，夏天不许摇扇子，午饭由侍卫送上来，老师先吃，皇子们吃完不休息，继续做功课。皇子们的假日更是少得可怜，只有元旦、端阳、中秋、万寿（皇上的生日）、自寿（自己的生日）共5日，除夕也不放假。这么苦的学习，会累坏小皇子们的。康熙皇帝回忆说，他5岁开始读书从不间断，累得咯血仍然坚持。每日老师给指定某一段要念120遍，之后再背诵一段新的内容，直至把《大学》《中庸》《论语》《孟子》完全背下来。

冷酷无情，嫁出去的姑娘泼出去的水。一般来讲，女儿是父母的贴心小棉袄，最亲近莫过于女儿了。可是，清宫的金枝玉叶却有难言之隐。最关键的是，她们要承担政治任务，不能随便嫁人，要听从于政治上的安排。比如，清朝讲究满蒙联姻，清宫的大部分成年女子都要被远嫁塞外。那个时候交通、通信很不发达，她们这一走，就可能一辈子见不到父母。孝庄病重期间，就曾要求见见多年未见的女儿，幸亏康熙帝有心才得以见到。另外，公主嫁出去之后，要回到紫禁城见父母也要经过批准，不可擅自进入。康熙帝的大公主出嫁后，就曾因为擅自回宫而遭到康熙帝斥责。

大家看看，光凭这几点，清宫的皇子公主们就很可怜了。

太子的悲剧

对于“太子”这个词，大家并不陌生。在我国封建社会，有帝王存在，就会有太子存在，他是皇位的继承人。太子之位非常重要，也非常特殊。清宫中有一个特别的现象，即凡是被册立为太子的皇子，要想活下来或者要想好好活下来是件很困难的事情。这很奇怪。活着是人的权利，连普通人都有的权利，可是，对于清宫中的那些皇太子们却是一件很奢侈的事情。我还是举例说吧。

第一种是遭人暗算的太子，这样的太子有三位。

一是褚英。褚英（1580 ~ 1615 年），努尔哈赤长子，母为元妃佟佳氏。褚英 19 岁带兵打仗，英勇无比。万历三十五年（1607 年），褚英与乌拉部在乌碣岩展开激战，凭借勇敢和智谋取得了大捷，削弱了乌拉部的力量。努尔哈赤欣喜万分，以褚英“奋勇当先”，赐给“阿尔哈图图门”尊号。阿尔哈图图门是满语音译，即足智多谋之意。之后，在宜罕山城等战役中，褚英也是军功卓著，为努尔哈赤完成女真统一大业做出了重要贡献。因是长子，又屡建战功，他被授命执掌国政，那时他才29岁。万历四十一年（1613年），以嫡长子身份，凭借多年战功，他一度被立为早期后金政权的汗位继承人。可是，由于褚英行事不谨慎，遭到了来自各方的攻击和陷害。不仅有额亦都、费英东、何和礼、安费扬古和扈尔汉五位大臣的攻击，而且还有代善、阿敏、莽古尔泰、皇太极四大贝勒的攻击，最终在万历四十一年三月二十六日，被努尔哈赤幽禁在高墙之中。对自己这个亲生骨肉要怎么处置呢？万历四十三年（1615年），努尔哈赤经过了将近两年的思索。他的结论是什么，资料记载："长子若生存，必会败坏国家。"（《无圈点老档》）很明显，留着褚英会后患无穷。于是在同年八月二十二日，刚刚过完中秋节"始下决断，处死长子"（《无圈点老档》）。褚英死去之时年仅36岁。关于褚英之死有多种说法，其中最普遍的是被绞杀。可怜的褚英，就这样结束了自己年轻的生命。

二是代善。代善（1583～1648年），清太祖努尔哈赤次子，曾因作战英勇被赐号"古英巴图鲁"，天命元年（1616年）被封为和硕贝勒，参与国政，为四大贝勒之首，以序称大贝勒。就在褚英被废黜杀掉之后，代善被确定为接班人，也就是皇太子的位置。可是，身处高位不胜寒，代善的太子地位同样遭到了别人的忌妒。天命五年，发生了两件事，让代善失去了太子之位。一件是努尔哈赤大妃阿巴亥红杏出墙事件，代善被人告发与后母阿巴亥有染，遭到父汗的唾弃；另一件是他和两个儿子之间的矛盾被人告发，这令努尔哈赤彻底下了决心，废除了他的太子之位。

三是胤礽。胤礽（1674～1725年），是康熙帝次子，生母是孝诚仁皇后赫舍里氏。由于胤礽难产，赫舍里氏大出血去世，所以，康熙帝出于对皇后的补偿心理，在胤礽两岁时将他立为皇太子并昭告天下。康熙帝对胤礽精心培养，特别教育，因而胤礽进步非常快，朝野内外都很赞赏皇太子的才干。可是，高处不胜寒，他不时遭到来自各方的压力，有兄弟的、有王公大臣的、有父皇的。当然，胤礽自己也有很多毛病，比如生活腐化堕落、官僚作风习气等等。最主要的是他的兄弟们有八个觊觎皇太子之位，大哥、老三、老四、老八、老九、老十、老十三、老十四等，号称“九子夺嫡”。身处皇太子高位的胤礽还能稳坐钓鱼台吗？终于，他被康熙帝两度废立：康熙四十七年废掉，第二年再立；康熙五十一年再度废掉。

第二种是夭折的太子，这种情况的太子有两个。

一个是皇太极的宸妃之子。崇德二年七月，宸妃生下皇八子，很凑巧，这个孩子和皇太极一样都排行第八，因而得到皇太极的极度欢喜，他宣布：“关雎宫宸妃诞育皇嗣。”（《清太宗实录》）“皇嗣”这个称谓，被人们认为就是继承人。皇太极做了许多逾制的事情，比如颁诏大赦。宸妃之子诞生，皇太极特颁“大赦令”，这是前所未有的。各地风闻，纷纷上表，以示庆贺。朝鲜国上表：“上皇太子笺文，并献皇太子礼物。”（《清初内国史院满文档案译编》）在表文中，公然称为皇太子。皇太极想通过上述做法，将襁褓里婴儿的皇储地位合法化。这无疑是为了讨好和感动宸妃。然而，这孩子不遂人意，仅活了 7 个月就过世了，这让满怀希望的宸妃悲痛欲绝。另一个是顺治帝董鄂妃之子荣亲王。这个孩子于顺治十四年十月出生。荣亲王出生后，顺治帝和他父皇皇太极一样大赦天下；本来是第四子，却称为“第一子”，表明顺治帝心目中只有董鄂妃和这个孩子；最关键的是册封这个孩子为皇嗣。可惜，这个太子更加短命，仅仅活了 3 个月就殇逝了。

第三种是难活的太子，这种情况的太子有两个，都是乾隆帝的皇子。

△ 孝贤纯皇后——两个太子的生母

一个是乾隆帝的皇次子永琏，雍正八年由孝贤纯皇后生产，乾隆元年，乾隆帝一即位就秘密立储为皇太子。可是这个孩子身体虚弱，到乾隆三年，居然被一场感冒夺去了生命，这一年他仅仅 9 岁。另一个是乾隆帝第七子永琮，生于乾隆十一年，生母仍然是乾隆皇帝的孝贤纯皇后富察氏。乾隆帝这次非常小心，因为他有一个愿望，就是册立这个孩子为皇太子，实现他“立嫡”为太子的梦想。之前即位的皇子都是庶出，是他即位后的遗憾。永琮是皇后所生，乾隆帝决心把希望寄托在他身上。很可惜，这个孩子在出生之后的第二年，即乾隆十二年的除夕之夜，竟然出天花病逝了。乾隆帝的梦想就此落空。

大家看，清宫中这些太子太艰难了，遭人暗算，被人觊觎，甚至是天灾人祸，要想活下来并顺利即位真是太难了。

别样母子

俗话说儿子像母，这里的含义较多。一是说长相，我们通常认为儿子长得像母亲；二是感情，相比之下，在情感上，母亲和儿子更亲近。有的儿子娶了媳妇之后，母亲会无端地吃醋，就是这个道理。深宫之中，母子之间也会有这种情况，但是，与民间相比还是有很大区别的，因为，这里是一个角逐名利的战场。

母以子贵的女人们

清代，皇子继承帝位后，按制，母亲被尊为皇太后。皇太后由当朝皇帝供养，备极荣耀。细数清朝的皇太后，可以真正理解母以子贵的含义。我们看看清朝都有哪些女人凭借儿子而显达的。

皇太极的生母孝慈高皇后，17 岁时生下皇太极，到 29 岁去世时，丈夫努尔哈赤尚在，没有做过皇太后。

顺治帝的生母为孝庄文皇后，即庄妃，丈夫皇太极死时，她 32 岁，

6 岁的儿子继承了帝位，她做了皇太后。一直到顺治十八年，她在选后、立国等诸多方面费尽了心思，但也拥有一定的权力。顺治死去，康熙嗣位，身为太皇太后的她起了一语定乾坤的作用。康熙对祖母备极孝养，尊崇有加。她在康熙二十六年十二月去世，寿 75 岁。

康熙帝生母孝康章皇后，在顺治十一年三月十八日生康熙帝时，年仅 15 岁。康熙元年，玄烨以 8 岁幼龄即位，尊生母为慈和皇太后。慈和身体一直不好，虽身居高位，但无福享受，第二年二月初一即崩逝，年仅 24 岁。

雍正帝生母乌雅氏孝恭仁皇后，也就是康熙帝的德妃乌雅氏。她 18 岁时生下雍正帝，雍正元年五月二十三日崩逝，仅做了半年皇太后，寿 63 岁。相传，她因不满儿子的得位手段，对儿子拟给她的“仁寿皇太后”徽号和从永和宫迁至宁寿宫的待遇，都以在丧期中为由加以拒绝。尤其是两个亲生儿子胤禛和胤禵闹对立，令她十分头痛，不久患了病。最终，她要见小儿子胤禵，雍正大怒，她便撞柱而亡。

乾隆帝生母孝圣宪皇太后，也就是我们今天所说的“甄嬛”。她 13 岁以秀女入宫，身份卑微，可是她聪明伶俐，做事得体，在雍正即位后，即升为熹妃，再晋皇贵妃。乾隆即位后，被尊为崇庆皇太后。弘历 12 岁那年，熹妃奉特旨携子陛见圣祖，圣祖见她相貌不凡，连夸她是个“有福之人”。果然，乾隆即位后，备极孝顺，多次侍奉其下江南、巡五台、幸盛京，游山玩水，享尽人间奢华，在宫中度过 73 个春秋，享年 86 岁。

嘉庆帝生母孝仪纯皇后，也即《还珠格格》中那位大名鼎鼎的令妃。她出身卑微，原为汉军旗，却非常能生育，一生生育了 6 个子女，尤其是在乾隆二十五年生下嘉庆后，更是如日中天。乾隆三十一年，她挑起宫斗，打败了中宫皇后，诏封为皇贵妃，主持后宫事务。乾隆六十年，儿子嘉庆即位，那时她虽然已经去世，但还是被追封为皇后。

道光帝生母孝淑睿皇后喜塔腊氏有过3次生育，22岁时生下皇二子旻宁，被秘定为皇储。旻宁是清朝诸帝中唯一嫡出皇子继承了大统的。可惜，孝淑命浅福薄，于嘉庆二年去世，时年38岁。当时，太上皇尚在，连丧事办得都比较寒酸。但不管怎样，她的儿子道光给她屡加谥号，让她死后安享尊荣。

△ 孝全成皇后与四阿哥

咸丰帝生母孝全成皇后，钮祜禄氏，有过3次生育，道光十一年，23岁时生下皇四子奕詝。孝全是道光帝后宫中传闻最多的一位女主，关于她的得宠，有《清宫词》中的诗为证：

> 蕙质兰心并世无，垂髫曾记住姑苏。
> 谱成六合同春字，绝胜璇玑织锦图。

关于孝全成皇后之死，民间传得沸沸扬扬，虚构出许多情节，使人难辨真伪。《清宫词》中，记录下一首孝全企图毒死其他皇子，使自己的皇四子继承皇位的故事：

如意多因少小怜，蚁杯鸩毒兆当筵。

温成贵宠伤盘水，天语亲褒有孝全。

据此，有人绘声绘色地勾勒出一幅皇后企图毒杀皇子的图画，一个年轻美貌的女子，让人不禁心寒三分。反映出深宫大内危机重重，到处布满杀机。孝全成皇后于道光二十年正月十一日忽然去世，年仅 33 岁，离她儿子继承帝位还有十年的漫长时日。咸丰即位之后，极力尊崇生母，而贬抑对自己有养育之恩的静贵妃。

同治帝生母慈禧太后生于道光十五年，于咸丰元年大选秀女中选，时年 18 岁，咸丰六年生下同治帝，咸丰十一年同治即位时，慈禧年仅 27 岁。此后，她费尽心机，发动了北京政变，废八大臣，垂帘听政；光绪帝嗣位，她再次垂帘，1898 年，她扼杀变法，再度训政，前后掌权达 48 年之久。

光绪帝生母为醇亲王福晋叶赫那拉氏（慈禧之妹），宣统帝生母为载沣福晋瓜尔佳氏，这两位均生活在王府，不在宫内。但是，她们却因为儿子继承了皇位而被大家所认识，也算是一种母以子贵吧。

母以子贱的两个女人

为皇帝生了龙子，又费尽千辛万苦侍奉皇帝，得到丰厚的回报是正常的，尤其是作为老皇帝的后妃，在嗣皇即位后应倍加尊崇。可是，清代宫廷中却发生了两起“母以子贱”的怪现象。

一个是康熙帝宜妃，姓郭络罗氏，佐领三官保之女。康熙初赐号贵人，康熙十六年即册封为嫔，曾生有皇五子胤祺（亲王），二十年即晋为宜妃，二十二年生皇九子胤禟，二十四年生皇十一子胤禌，资历很深。

三位皇子中，皇九子胤禟是让宜妃最不省心的一位。

胤禟从懂事时起，就不甘心一生只做一位无权无势的王爷。相传，他曾对亲信秦道然、何图等人说，他母亲妊娠时得了一场病，梦见真武菩萨赐给她一个日轮状的红饼，吃后病就好了，胎儿也安稳了。又说他幼时耳后生痈，病重昏迷，忽听得一声巨响，睁眼看时，只见室内梁宇之间有许多金甲神将，病竟不治而愈。他这样神化自己，说明对大位有非分之想。

可是，胤禟才智平庸，难成大器。于是，他便转而拥护皇八子，不成之后，又企图拥立雍正帝同母弟胤禵。曾有个叫蔡怀玺的人散布流言，说"二七便为主，贵人守宗山"，暗示十四王做皇帝，并让宜妃做太后。

事败后，雍正帝大怒，一方面幽禁胤禟，一方面更加恨憎宜妃。在康熙大丧之初，雍正帝与众母妃同在大行皇帝棺前治丧。宜妃不但十分轻蔑雍正帝，还以身体不爽为由，乘软轿前往。雍正帝忍无可忍，下旨严斥："众母妃自应照前遵行国礼。即如宜妃母妃用人挟腋可以行走，则应与众母妃一同行礼，或步履艰难，随处可以举哀，乃坐四人软榻在皇太后前与众母妃先后搀杂行走，甚属僭越，于国礼不合。"他派出御前太监，前往宜妃住处传旨申斥。这个时候，一向口无遮拦的宜妃才感到大祸临头。于是，《清宫词》中也留下了记录：

大行遗柩在宫闱，
宫眷哀号奉礼仪。
闻道嗣皇哀痛切，
哭临先已责宜妃。

雍正帝虽然不便对宜妃无礼——这主要还是碍于其是母辈——但也

△ 孝静成皇后——六阿哥的生母

大大冷落了她。宜妃由于儿子的关系而大受冷落，又斗不过当今皇帝，只好出宫去了九子的王府家，从此销声匿迹。

另一个是道光帝的孝静成皇后。孝静成皇后比道光帝小 30 岁，14 岁时嫁给了 44 岁的道光帝。她一生生育了 3 子 1 女，其中于道光十二年生下的皇六子奕䜣，曾使道光帝对她极为宠爱，并在立皇储的问题上曾有过考虑。自道光二十年孝全成皇后死去后，她就以皇贵妃身份主持后宫事务。不仅如此，孝静成皇后心地善良，又担负起抚养年幼的皇四子（咸丰帝）的重任。

咸丰登基后，因为立储的关系与六弟关系恶化，奕䜣也因为没当上皇帝而嫉恨咸丰帝，便想借孝静的身份来抬高自己的地位，因此屡有所请，要求咸丰帝尊孝静为皇太后。咸丰帝考虑到抚养之恩，不得已尊晋其为康慈皇太后，正在病中的孝静仅做了 9 天太后便溘然长逝，寿 44 岁。

孝静一死，咸丰帝本应为其大办丧事，以报养育大恩，可是，他太厌恶奕䜣了，便大大减杀了太后的丧仪：

一是不为其建皇后陵，而是葬入妃园寝。按照大清家法，皇太后是要单建陵寝的，黄瓦红墙，规制宏伟。可是，咸丰帝投机取巧，将皇太后葬进了妃子墓，只简单将大殿的绿瓦换成了黄瓦，局部调整了一下，就由妃子墓升格为皇后陵，实际上是自欺欺人的把戏。

二是太后奉安大典，咸丰帝不护送、不亲临。孝静作为咸丰帝的养母，对他有10年的养育之恩，咸丰帝应该感恩。在棺椁下葬这个大日子，他尤其应该亲自护送，看着养母下葬，做最后的告别。可是，咸丰帝不去。九泉之下的孝静太后会多么伤心！

三是减杀其谥号为8个字，并不系宣宗谥号。谥号就是盖棺定论，古人对此非常重视。本来，皇后的谥号一上就是12个字，以后还要再加上4个字，达到16个字。可是，孝静作为太后，咸丰却只给了8个字，而且还不把道光的谥号“成”字加上（“成”是道光的谥号，清宫规定，皇后必须加上丈夫的这个谥号，才能得到后世尊重），这是对孝静的极大不尊重。

四是神牌不升祔太庙，只升祔奉先殿，奉供山陵。神牌就是牌位，上面书写死者的名号。一般来讲，皇后的神牌要供奉在三个地方：太庙、陵寝和奉先殿，可是，咸丰帝却不允许供奉太庙，这仍是对养母的极大不尊重。

咸丰帝做的所有这一切，其实不是冲着死者来的，而是冲着孝静的儿子、与自己争夺皇储的对手奕䜣来的——他迁怒于孝静太后。孝静太后是真正的母以子贱。

子以母贵的皇子们

皇帝过分宠爱后妃，虽是难得之事，但也并非没有。一旦受宠后妃生有皇子，皇帝会爱屋及乌，即所谓“子以母贵”。清宫有三个这样的例子。

一为顺治帝孝献皇后（董鄂妃）及其所生之子。顺治帝对董鄂妃可谓“集三千宠爱于一身”，达到了痴迷的程度。两人相亲相爱，终于在顺治十四年十月有了结果——董鄂氏生下一子，排行第四。可是，高兴至极的顺治帝急于立其为嗣，“错误”地称其为“朕第一子”，竟以诏书的形式颁行天下：“自古帝王继续立极，抚有四海，必永绵历祚，垂裕无疆。是以衍庆发祥，聿隆胤嗣。朕以凉德缵承大宝，十有四年，兹荷皇天眷佑，祖考贻庥，于今年十月初七第一子生，系皇贵妃出。上副圣母慈育之心，下慰臣民爱戴之悃，特颁肆赦，用之仁恩。”可惜，此子薄命，仅出世3个半月就夭折了，连名字都未来得及取。顺治一面为他大修豪华陵墓，一面追封他为“和硕荣亲王”。翌年，陵园告成，八月二十七日，其金棺奉安地宫。荣亲王的这一切荣宠，都源于他的母亲董鄂妃，顺治帝爱屋及乌，把他捧上了天。

▷ 端慧皇太子园寝

二为孝诚仁皇后及其子胤礽。胤礽母为孝诚仁皇后，13 岁嫁给康熙帝，为中宫皇后。她和康熙帝自幼青梅竹马，加上又是勋贵大臣索额图的侄女，备受宠爱。婚后第四年生皇子承祜，接着两年以后再生胤礽。因为当时朱三太子乘吴三桂叛乱之机扰乱宫闱，致使孝诚仁皇后受惊吓难产，孩子虽然生下来了，但孝诚几次昏厥，当天死去，年仅 22 岁。康熙帝非常悲痛。一年半以后，于康熙十四年十二月，立了未及两岁的胤礽为皇太子，这纯粹是因为康熙帝宠爱其生母的缘故。然而，此子极不争气，虽已立了 33 年的皇太子，但于康熙四十七年被废掉。不出两个月，康熙帝恢复了胤礽太子的地位，可是，到康熙五十一年，又将怙恶不悛的太子废掉。这两度废立，使康熙帝焦头烂额，心情极度矛盾。他多次想将帝位传给胤礽，以慰藉宠后的在天之灵，实现传位于嫡出之子的梦想，但愿望最终还是落空了。

三为乾隆帝孝贤纯皇后及所生的两位皇子永琏和永琮。孝贤是嫡后，乾隆十分宠爱，但因生于雍正八年的皇子永琏“聪明贵重，气宇不凡”，于是，在乾隆元年七月初二，密定永琏为皇太子。可是，到乾隆三年，永琏偶感风寒，竟一病不起，病逝于宁寿宫，年仅 9 岁。乾隆帝十分悲痛，他辍朝 5 天，为永琏赐名端慧皇太子，并多次亲到棺前赐奠。后在陵园右侧的朱华山修建了典制大备的皇太子园寝，隆重治丧，大葬礼成。其后，乾隆帝并未减轻对孝贤纯皇后宠爱的程度；相反，他以满怀的热情给予她更多的关照。乾隆十年，孝贤纯皇后再生一子，排行第七，取名永琮。乾隆又把继统希望寄托在永琮身上。然而，天不遂人愿，未及乾隆立储，永琮患天花而亡，时年还不到 2 周岁。乾隆夫妇极为悲悼。乾隆甚至检讨两个嫡嗣连殇是他的过错，并决定“皇七子丧仪应视皇子为优”，赐谥“悼敏皇子”，以亲王礼治丧。其丧期达 9 个多月，参与祭奠的人有宗室贵族，四品以上官员，达万人之多，费用难以计算，真是备极哀荣。这两个皇子之所以屡被乾隆看重，并一度被立为皇储，都是由于他们的母亲得宠。

受母亲牵连的两个皇子

其实，妃嫔所生之子，同贵为皇后所生之子有什么区别！同为自己的骨肉，却分出三六九等，足见等级社会中门第关系的影响至远至深。在清朝宫廷中也有子以母贱的实例。我举两个例子。

一个是康熙帝的皇八子胤禩。

在康熙帝众多妃嫔中，有一位卫氏。她聪明貌美，但出身内管领包衣人，是典型的奴仆出身。入宫后，她小心谨慎，曲意奉迎，加上她有一个独特的生理特征，那就是唾液生香，因而号称“香妃”。康熙帝爱上了她，她也在康熙二十年生下了皇八子胤禩。这个皇八子长相英俊，康熙十分喜爱。为了抬高他的地位，康熙将他交由出身相对较高的惠妃抚养。胤禩虽出身卑贱，但他自幼聪明伶俐，工于心计，不甘居人之下，幻想有朝一日继承大统。于是，他倍加努力，长大后，学问品貌兼优，儒雅风流，稳重大度，终于在康熙五十二年，即他18岁时被封为贝勒，署内务府总管事。在太子胤礽被废后，他努力活动，谋夺嗣位。然而，康熙帝的门第观念并未改变，他不想将大位传于一个奴仆所生之子，被天下人耻笑，甚至居然两次在大庭广众之下说胤禩“出身卑贱”，并夺去他贝勒爵位，断其梦想。康熙的这种做法让胤禩母子十分伤心，卫氏得病的时候都不配合治疗，对胤禩说：“都是我连累了你，我快死了算了。”

还有一位就是乾隆帝乌喇那拉皇后所生皇十二子永璂。

乾隆还是皇子的时候，那拉氏早年与他成亲，为侧福晋。那拉皇后在宫中一直很得宠，经常随帝出巡各地。尤其在孝贤皇后死后，乾隆帝

△ 那拉皇后棺椁

秉承太后之意，立其为皇后。可是，天有不测风云，就在乾隆三十年的一次随帝南巡中，她的命运发生了转折。

此次南巡一路游山玩水，帝后十分快乐。到达杭州之时，在名胜“蕉石鸣琴”处进早膳，乾隆还赏皇后膳品，可到晚膳在杭州行宫赐膳品时，皇后没有出席，此后，皇后在出巡人的名单中消失了。原来，前一日，圣旨派额驸福隆安扈从皇后由水路先程回京了，乾隆帝则继续到江南游玩。

这年四月二十日，乾隆回到京城，欲将病中的皇后废掉，遭到大臣阿永阿等的强烈反对，未果。五月十四日，乾隆将那拉皇后的册宝四册收回，其中皇后一份、皇贵妃一份、娴贵妃一份、娴妃一份，等于把她进宫三十来年的所有册封全行追回。同时，她在宫中的待遇也大为减缩，其手下也只有两名宫女，皇后名号虽存，但已实亡。

乾隆三十一年七月十四日，备受折磨的那拉皇后死去。当时，乾隆正在木兰围猎。得知死讯，他没有回京，只派皇后亲生子永璂回京奔丧。

到底是什么缘故使得这位天子丈夫如此薄情呢？我们不妨从他的谕旨中加以分析：

“皇后自册立以来，尚无失德。去年春，朕恭奉皇太后巡幸江浙。正承欢恰幸之时，皇后性忽改常，于皇太后前不能恪守孝道。比至杭州则举动尤乖正理，迹类疯迷，因令先程回京，在宫调慑，经今一载有余，病势日剧，遂尔奄逝。此实皇后福分浅薄，不能仰承圣母慈眷，长受朕恩礼所致。若论其行事乖违，即予以废黜亦理所当然。朕仍存其名号，已为格外优容，但饰终典礼不便复循孝贤皇后大事办理，所有丧仪止可照皇贵妃例行。”

原来，皇后在巡幸途中，因事自行剪发，忤犯了皇上。清制，只有长辈和丈夫死去，后妃才剪发服丧。皇后自行剪发，不等于诅咒皇上死去吗？自然不为其所容。可是，她为什么要这么做呢？乾隆却只字不提。皇后以皇贵妃之礼治丧，已属格外严厉了，但实际上远不止于此：

第一，借用皇贵妃地宫，皇贵妃居中，而皇后棺居旁边左侧，处在从属的地位。

第二，不设神牌。清制，妃子以上均在陵寝享殿中设有神牌。那拉氏身为中宫皇后却没有神牌，这是令人难以接受的事情。

第三，不享祭。一年四大祭，二十四小祭，祭辰、生辰，皇后均无享祭。那拉氏不仅不能接受臣子的祭祀，就连自己的亲生儿子都不能正常前往陵寝祭祀。这又是令人难以接受的事情。

这么严厉的处治，对于一个死去的人来说太严苛了。为此，皇后亲生子永璂极不满意，但他敢怒不敢言。民间曾流传永璂为生母讨吃箸的说法，请求父皇格外施恩，即祭祀时在供桌上为母亲摆双筷子，但他的父皇十分不满，并未答应，甚至有传闻，乾隆在愤怒之下抬起一脚，踢死了亲生儿子。

永琪大受牵连。乾隆帝对其他皇子大加封赏时，唯独对十二子倍加冷落。永琪的档案记录几乎没有。他死于乾隆四十一年，仅25岁。死后按宗室爵位中十分低下的公品级治丧，冷清得很。到嘉庆四年三月，嘉庆帝亲政，才对这位皇兄加以晋封，名号为贝勒，但仍为皇子中品级最低下者。

那些金枝玉叶们

清朝的公主，早期也有“格格”之称。入关之后规范了称谓，称为公主。这些深宫中的金枝玉叶看上去很金贵，可是由于受封建时代重男轻女思想的影响，她们在很多方面并不如意，甚至不如普通人家的女孩子。比如教育，清宫中的公主们并不接受系统的教育；再比如婚嫁，公主们也大多不如意，她们被看作政治上的工具，被指婚给皇帝的宠臣，甚至要远嫁蒙古，离开自己的亲生父母。

大出血而死的八公主

要说康熙帝事业成功那是没的说，可是，在后宫生活中，康熙帝确实屡遭磨难。他身边有两名女性死于难产，这是多么可怕的事情。一个是他的中宫皇后孝诚皇后赫舍里氏，她在康熙十三年五月生胤礽的时候，大出血难产而死。另一个就是我们今天要讲的八公主，她也是难产而死的。

△ 康熙帝出巡图

八公主生于康熙二十六年，生母是敏妃章佳氏，著名的怡亲王胤祥的生母。这个敏妃不长寿，在康熙三十八年七月就去世了，当时八公主仅仅 13 岁。为了照顾这个孩子，康熙帝给她选择了后母，选来选去，挑中了他最宠爱的宜妃郭络罗氏。宜妃不仅出身富有之家，气质高雅，而且生育过孩子，很有经验，是带八公主的最好人选。

康熙帝对八公主很是喜爱，主要是由于这个孩子很小就丧母，比较可怜；还有就是这个孩子的性格非常温柔而内敛，并不张扬，十分讨人喜爱。当然，过早丧母的孩子是不会过分张扬的，尤其在复杂多变的宫廷之中，没有母亲做靠山，是一定要小心谨慎的。八公主做到了这一点。

八公主出嫁的时间很晚，不是没有合适的对象，而是康熙帝舍不得。一般来讲，那个时代的女孩子在十二三岁的时候，就要由父母做主，指婚嫁人了。等到了十六七岁还没嫁人，那就是超龄了。康熙帝知道这个道理，所以在康熙四十三年就给她找了婆家，但是没让她嫁过去，依然留养在宫中。过了两年，八公主已经20岁，再不嫁人说不过去了，才把她嫁了过去。

嫁八公主之前，康熙帝做了三件事。

一是精心选择女婿。这个女婿是康熙帝满意的。他是仓津，初名班第，博尔济吉特氏，袭翁牛特部杜凌郡王。最主要的是，他与皇家沾亲带故。他的祖母是英亲王阿济格的第四女，阿济格是顺治帝的叔叔，所以，这层关系把仓津的地位抬高了一个档次，那是皇亲呢。

二是给八公主建别墅。公主要远嫁塞外，康熙帝早做打算，命人在她未来的婆家建一座公主府。别墅建成后，康熙四十三年八月二十七日，康熙帝借巡视塞外的机会，亲临视察，看看是否遂心。另外，为了防止公主在塞外生活不适应，照例在北京修建了一座公主府，供她出嫁后回京时居住。

三是册封公主。康熙帝明白，公主的身份很重要，所以，在她出嫁之前命礼部给予封号。康熙四十五年七月，公主被册封为和硕温恪公主，有了封号，公主就可以风光下嫁了。

公主出嫁后，康熙帝时时思念。其实，八公主也思念父皇和宫里的一切。所以，八公主会不时回到京师公主府居住，找个机会拜见阔别的父皇。正因为如此，康熙帝越来越喜欢这个女儿。公主下嫁当年，康熙帝思念倍增，便在同年的八月初八，驾临她在婆家的公主府，在这里一住就是三天。

可是，幸福总是短暂的。康熙帝万万没有想到，公主出嫁后三年，一场灾难突然降临。这一年是康熙四十八年。

先是喜讯。说八公主怀孕了。康熙帝喜不自禁，因为女人的本分就是这个。但他也有担忧，女人生孩子那是要过鬼门关的。他不敢多想，只有为女儿祈祷了。十月怀胎，终于要分娩了，康熙帝焦急地等消息。

当时，正直六月天，骄阳酷暑，身体虚弱的康熙帝边在承德避暑，边等八公主的消息。传来的却是噩耗。太监报告八公主产下孩子就咽气了，是大出血，因为孩子过大，是双胞胎，一对可爱的女儿。

康熙帝闻听一阵眩晕。他没有想到女儿这么年轻就去世了，她都没有看到自己的孩子，也还没有享受人生。好在康熙帝想到“公主生的两个女儿都好”，那就是不幸之中的万幸了。

不遂心的婆家

这说的是十公主，即乾隆帝的十公主。她是乾隆帝最小的女儿，出生于乾隆四十年正月初三。

我先介绍一下十公主的母亲惇妃。惇妃是满洲正白旗人，都统四格女。她比乾隆帝小 36 岁，乾隆三十九年被晋封为惇妃，第二年生下十公主，也是她唯一的生育。十公主的母亲究竟是怎样的一个人呢？资料中留下了关于她的相关记录。

她是一个脾气暴躁的人。乾隆四十三年，惇妃做了一件令人大为意外的事情，那就是她打死了宫女。这一年，十公主仅仅 4 岁。乾隆帝听到这个消息十分震惊。向例，后宫主位不得擅自使用杖刑，更不得随意杖打宫女，而惇妃竟敢违背祖制，把宫女杖打致死，乾隆帝一时竟不知所措。尤其让乾隆皇帝为难的是，惇妃是十公主的母亲，如果是别人，他尽可以按照规定惩处，可是，十公主的母亲要怎么办才好呢？

乾隆帝还是做出了样子，惩处惇妃，不做不行啊：降格，由惇妃降为惇嫔；罚款，以惇妃为首的人，包括殴打宫女的太监、宫女，都罚银 100 两；让她向死者家属赔礼道歉，并给人家丧葬费。这些惇妃都做到了，但是，乾隆帝觉得还是过意不去，不得不专门给惇妃下圣旨：“你太任性了，如果不是十公主的生母，我早就将你废黜了。”惇妃心惊胆战，后悔不已；同时，她也庆幸自己生育了十公主，感谢这个小孩子成了自己的保护伞。

确实如此，乾隆帝最喜欢惇妃所生的这个十公主了。为什么呢？

第一，十公主是乾隆帝最后一个孩子。乾隆帝有 27 个子女，其中，十公主生于乾隆四十年，此时皇帝已经 65 岁了，她的母亲惇妃也已经 29 岁了。由于最小，所以乾隆最喜欢，这是情理之中的事情。

第二，十公主尚武。《啸亭续录》记载，十公主性格刚毅，力大无比，说她能挽十力弓，还说她喜欢穿男装，女扮男装。十公主经常跟随乾隆外出打猎，箭法精准，深得乾隆宠爱。清代后宫有一幅女子戎装像，有人说是香妃，但是更有人认为是乾隆帝的十公主。

第三，十公主长相酷似父皇。其实，有一种说法，男孩子长相像母亲，女孩子则更像父亲。这样说来，十公主长相酷似乃父就没什么稀奇的了。可是，乾隆帝老来得女，欢喜不已，所以把十公主看作掌上明珠。

◁ 十公主生母惇妃

他曾经这样对十公主说："如果你是男孩子的话，我一定把皇位传给你。"我想，乾隆帝的这番话不是儿戏，是极有可能的。十公主生于乾隆四十年，到乾隆帝去世，她刚好24岁，正是绝好的年龄。

这么喜欢的十公主，乾隆帝会怎么对待她的人生呢？

首先，破格封号。十公主的封号是固伦和孝公主，是在她12岁的时候获得的封号。这个封号已经是破格封赠的了。按照大清家法，只有皇后所生之女，才可以被封为固伦公主，相当于亲王；而妃嫔所生，至多封为公主，相当于郡王。可是，十公主为惇妃所生，确实是破格了。

其次，幼小指婚。乾隆四十五年，十公主刚刚6岁，乾隆帝就给她指婚了，男方是他最最宠信的大臣和珅之子丰绅殷德。这是乾隆帝最大的恩赐了。惇妃对乾隆帝的这种安排，也是备感欣慰，因为她认为她们的前景一片美好。

十公主15岁的时候，如期下嫁丰绅殷德。乾隆帝给予最丰厚的嫁妆，让公主风风光光地出嫁了。那么，十公主真的如乾隆帝所愿，出嫁之后过上了遂心如意的生活了吗？事与愿违，十公主非常失望和伤心：一是公公太贪心。十公主一嫁进和府，看到的满眼浮华，简直比皇宫还要富有，就预感到了不幸的将来。二是丈夫不争气。丰绅殷德非常贪玩，而且堕落不堪，贪好女色。

果然不出所料，乾隆帝一去世，嘉庆帝决心惩处权臣和珅，那么，十公主怎么办呢？她急速赶往宫里，求助哥哥嘉庆帝。嘉庆帝也是深感为难，最终，嘉庆帝还是照顾了小妹十公主：保全和珅全尸，赐令自尽，不然定会斩首弃市的；保全丰绅殷德，不然一样会被连坐问斩的；为生存，留给十公主夫妇府邸，为和家保留最起码的资产。

嘉庆帝尽力了，他最大限度地照顾了十公主；十公主尽力了，她努力求助了哥哥嘉庆帝。所以，我们说，十公主最终救了和珅，虽然没有保住他的性命。

慈禧怕女儿

慈禧专制的时代，有谁敢不怕她呢？几乎没有，谁不怕她谁找死。可是，真有特殊的人——一位金枝玉叶——居然不怕慈禧，这就是荣寿固伦公主。

荣寿固伦公主（1854~1924年），是清王朝最后一位公主，但是，她既不是皇帝所生，也不是慈禧所生，而是一位王爷所生。这个王爷就是大名鼎鼎的恭亲王奕䜣，她是恭亲王奕䜣的长女。

奕䜣的这个女儿很幸运，虽然出生在王府，可是，她的待遇却比皇宫里的公主还高。皇宫里的公主如果不是正宫嫡出，也只能被封为和硕公主。可是，这个姑娘幸运的是她的父王有一个绝好的机会，帮助当今皇太后慈禧发动了宫廷政变，使慈禧大权独揽，垂帘听政。那慈禧还不感谢这个小叔子吗？怎么感谢呢？慈禧除了给恭亲王以高官厚禄之外，对他的这个大女儿用了心思，在这个孩子身上做起了文章。首先，把这个孩子接进宫中抚养。慈禧说了，就好比我自己亲生的一样，由我来亲自带她。慈禧成了她的养母。其次，给她封号，什么好封什么。什么最好呢？封公主，而且，让包括奕䜣在内的所有人都大吃一惊的是，封她为固伦公主。这真是让人没想到的事情——仅仅一个王爷所生，封为公主已经是皇恩浩荡了，还被封为最高等级的固伦公主，慈禧也真是太重视了。不管怎么样，这个孩子就是沾了父王奕䜣的光。

同时，这个公主又很不幸。不幸的原因有二：其一，封号反复变化。奕䜣被重用，稀里糊涂被封为固伦公主，令人瞩目，被大家抬上了天，自己别提多美了。可是，随着奕䜣与慈禧之间矛盾的加深，自己在宫中的地位也悄然发生变化，尤其是同治四年三月，奕䜣遭到慈禧惩处，被拿掉了议政王的头衔，到九月，奕䜣不得不来到宫里，请求慈禧撤去女儿“固伦公主”的封号。慈禧居然准奏了，改封为“荣寿公主”，既不是固伦公主，也不是和硕公主，处境很是尴尬。后来，到光绪七年，荣寿公主再次被冠以“固伦公主”的封号。其二，丈夫早亡。同治五年她年仅12岁，被慈禧指婚给了额驸志端，这个小伙子是荣寿公主亲自选中的。荣寿公主心里很高兴，总算可以出宫嫁人，过上自己想要的自由生活了。可是，她没有想到，仅仅5年的工夫，志端就死了，她不幸成为寡妇，而且年纪尚轻，仅仅17岁。

△ 荣寿公主照片

所以，荣寿公主在最幸运与最不幸之间生活和游离，这使她从小就经历了大喜与大悲，她的性格也变得很特殊。荣寿公主具有刚毅的性格，她很坚强且独立。除此之外，公主还具有一个令人敬佩的性格，敢于直言，敢于坚持真理。即使是在慈禧面前，她也是如此，被大家称为是不怕慈禧的大公主。我再举几个例子：

一是敢于指责慈禧。大公主由于早年守寡，不喜欢穿华丽衣服，但是，慈禧却很喜欢花里胡哨的衣服。大公主就会直言说:“母后也一把年纪了，在穿衣方面要有分寸，不要太花哨，那样不庄重。”慈禧很听大公主的劝谏，不敢当着大公主的面穿过分花哨的衣服，即使有人进献，她也是偷偷穿。

二是敢于保护光绪和珍妃。大公主对于光绪帝是有感情的，她非常同情光绪帝的不幸处境。当然，她无能为力。戊戌变法失败，慈禧曾多次密谋要把光绪帝秘密除掉，另换天子。据说，某次慈禧发了大怒，要打死光绪帝，大公主匆忙赶来，跪着请求慈禧息怒，千万不要这样做。慈禧听从了大公主的劝告，把光绪帝软禁在瀛台，珍妃也没有被处死，而是被关了起来。总之，大公主在保护光绪帝和珍妃的方面是起了作用的。

第 二 章

生活在深宫

02

在封建时代，毫无疑问，皇帝是公众人物，万人瞩目。当帝王走进深宫之后，也就消失在公众的视野之中了，人们非常好奇，帝王在深宫之中怎么生活呢？他们是否有自己的信仰？是否有柴米油盐、衣食住行之类的烦琐事？我们依据档案，解开这些谜团。

皇帝的人生信条

俗话说“信仰最重要”，人没有信仰是不行的，信仰又往往能够左右人生。那么，清朝的皇帝是不是有信仰呢？

“狗”至上

清代，满族这个少数民族有两个明显的信仰，一是不吃狗肉；二是享鸦雀。这是为什么呢？

先说不吃狗肉。在清代，关于满族不吃狗肉，大致有几种说法：

一是感恩说。一种说法是罕王努尔哈赤脚上有红痣，被明辽东总兵李成梁所忌，欲杀之。努尔哈赤在李成梁小妾的帮助下骑青马带犬逃出，明兵随后追来，射杀青马，努尔哈赤逃入河边芦苇中，因过度疲劳而睡去。明兵找不到努尔哈赤，就放火烧荒，那狗见罕王不醒，就跳到河中浸透全身，再跑到他身边，把苇草弄湿。狗反复这样做，罕王得救，而狗累死。罕王发誓，再不食狗肉。另一种说法是萨尔浒大捷后，罕王努尔哈赤大宴群臣将士，其叔龙敦早有篡权野心，乘机将罕王灌醉后送回大帐。龙敦见罕王大醉，而周围又无人，拔钢刀欲杀之。此时，罕王养的一条大黄狗，忽然窜到帐内，先咬醒罕王，再向龙敦扑去，咬伤龙敦后，被龙敦所杀，但罕王已醒，很快杀死了龙敦，平定了叛乱。于是罕王厚葬了黄狗，并下令不准再吃狗肉，穿戴狗皮。

二是风俗说。这种观点认为，满族人在长期生产生活中形成了这种生活习惯。主要是那个时候的满族人认为狗对他们实在是太重要了——看家护院，指引道路，保护主人等等，总之，狗就是重要，所以形成了这样的习惯。不过，专家们也进行了考证，考察了满洲人的前身女真人是不是也不吃狗肉。结果恰恰相反，女真人的宴桌上有狗肉，吃法是既可以燔烤，又可以烹煮，还可以生吃。由于满洲人的前身女真人吃狗肉，这样，满洲人不吃狗肉就不是一种流传有序的风俗了。

三是图腾说。有人认为，满洲的《满族大辞典》中描述："狗是满族氏族制时期图腾崇拜之动物，故部人不得服其皮，食其肉。"但是，这种说法也遭到了质疑，有专家认为，如果说满族忌食狗肉的风俗源于氏族时期的图腾崇拜的话，那不应该始于满族，而应该始于满族的祖先。按现在通行的说法，肃慎、勿吉、挹娄、女真分别是满族的祖先在不同时代的称呼，女真之后改称为满洲，而女真人至少在阿骨打时期是食狗肉的。所以，也不会到皇太极时期，就突然废止了已有的风俗。

说来说去，关于清代满洲人不吃狗肉的说法尚无定论。

接着，我们说说，清代满洲人享鸦雀的习俗。我们在清代满洲人建立的寺庙前面，甚至一些民居前面，会看到有索罗杆子，即满族人家在院内常年竖立的祭祀杆子，杆长六七尺，顶端有一木斗，内盛五谷及其他食物，装上猪的碎肉、下水等物，以飨乌鸦。据说是老罕王努尔哈赤遗留下来的习俗。

△ 努尔哈赤像

那么，清朝满洲为什么享鸦雀呢?

专家考证，鸦雀具有指示方向的本领，它们飞翔于高空之中，视野宽阔，按照它们的指引，完全可以找到主人想要找的东西；鸦雀是黑色报警鸟，是喜神，在宁古塔流传着关于沙克沙的神话：天神看见人间灾患，一点也不懂得预防，就派沙克沙下界预报一些吉凶祸福。他通过感应投生在一个老猎户家中，是一个半人半鹊的形象，并在喜鹊窝里长大，终日和喜鹊为伴。他预报了洪水、瘟疫，使部落幸免于难，他识破了耶鲁里的迷魂阵，救出了族人，因而被满族奉为喜神。每逢添人进口，修建新房，久病得愈，出兵打仗平安回来，满族都要祭喜神。所以，有专家认为，清代满洲人的图腾不是狗，而是鸦雀。

与佛结缘

清朝十二帝中，有一位帝王非常信佛，甚至达到痴迷的程度，那就是顺治帝。尤其是顺治十八年八月十九日，他的宠妃董鄂妃病逝之后，他万念俱灰，吵着闹着要出家做和尚，后来，还传出了康熙帝三赴五台山寻父的传说故事。故事讲得绘声绘色，非常吸引人。就连清东陵孝陵没有被盗掘，也有人附会说，是因为顺治帝出家做和尚去了，地宫是空的，因而没有被盗掘。总之，顺治帝喜欢佛教已经达到了痴迷的程度，这究竟是为什么呢?

一是受其母后孝庄的影响。毫无疑问，孝庄出生在科尔沁蒙古的黄金家族，而这个家族的传统是信奉佛教的。我们也看到一张著名的孝庄礼佛像，身穿佛袍，手持念珠，很明显是信奉佛教的表现。孝庄的贴身侍女苏麻喇姑终生信奉佛教，晚年患病很严重都不肯服用药物，就连康熙帝都不能说服她。这些人的佛教信仰，对顺治帝是有很深影响的。

二是顺治帝有消极的厌世情绪。这种情绪的产生，和他的傀儡地位有关系。多尔衮专制，把揽朝中大权，皇帝形同虚设，尤其后来传出太后下嫁的传闻，让少年天子无地自容。然而，身为皇帝却也无力回天。在这种情况下，顺治帝的消极情绪与日俱增，难免对佛教产生兴趣。大家知道，佛教教人向善，教人戒除欲望，恐怕对年轻气盛的顺治帝具有一定的舒缓作用。所以，压抑的环境也会迫使顺治帝喜欢佛教，借以超脱现实。

三是大和尚的影响和引导。顺治帝有很多朋友是大和尚，比如木陈道忞、憨璞性聪、玉林琇等，这些人经常在他面前讲一些佛教方面的知识，引起他极大的兴趣。比如憨璞性聪对顺治帝说："皇上即是金轮王转世，夙植大善根大智慧，天然种性，故信佛法，不化而自善，不学而自明，所以天下至尊也！"这番话使得顺治帝飘飘然，对佛教心生向往，恨不得马上出家做和尚。有一次他对老和尚说道："朕想前身一定是僧人，

▷ 顺治帝书"敬佛"字

所以一到佛寺，见僧家窗明几净，就不愿意再回到宫里。要不是怕太后挂念，就要出家了。”顺治帝说的这是心里话。

四是受爱妃董鄂妃的影响。董鄂妃是对顺治帝影响最大的人了，他和这个女人一见钟情。顺治十三年，董鄂氏一入宫，便破例被封为妃子，在不到一个月的时间里，又被迅速晋升为皇贵妃，真是集三千宠爱于一身。关键是，董鄂妃信奉佛教，这个宗教信仰契合了顺治帝，他们在一起研习琴棋书画，更在一起谈经论道，探讨关于佛教的种种。顺治帝感觉太舒服了，他的神经太放松了，也太享受了。董鄂妃的皇子被立为皇嗣，当董鄂妃病逝之后，顺治帝精神崩溃，痛不欲生。他亲自为董鄂妃做传，谈到董鄂妃临终之际，说是坐着呼喊着佛号而去的。这更让他坚信佛道是解救他超度转世的最好途径。于是，顺治帝坚定地剃了头发，做好了出家做和尚的一切准备。

当然，顺治帝的这个愿望没能实现，他的母后孝庄极力阻止，并请来大和尚玉林琇出面阻止。万般无奈之下，顺治帝蓄发还俗。可是，在他的心目中，仍然向往佛界，对现实生活失去兴趣。就在董鄂妃去世之后仅仅四个月，顺治帝不幸染上了可怕的天花，于顺治十八年正月初七病逝于养心殿，年仅 24 岁。

吃“仙丹”

清朝皇帝中，雍正帝宠信道教，很专心，也很痴迷。那么，大家一定很想知道，精明的雍正帝为什么会痴迷于道教呢？我考证了一下，大概有三个原因：一是迷惑他的父皇。康熙帝最厌烦皇子们争夺储位，可事与愿违，还是形成了“九子夺嫡”的局面，这让康熙帝大伤脑筋。雍正虽然对储位大有想法，但是他韬光养晦，每日参经论道，研习道教的真

◁ 雍正帝道装像

谛，既增加知识，又给人一种与世无争的感觉，号称“天下第一闲人”。二是乞求长生的心理。雍正帝喜欢道教很重要的一个原因就是道教中的丹剂能够长生不老，他笃信道教长生不老之术是存在的，因而喜欢炼丹。三是雍正相信道士能够通过面相预知未来。雍正觊觎储位由来已久，所以，他和其他皇子一样，总在请道士相面预测，比如他让自己的属人戴铎赴福建上任途中请道士给主子算命，预卜一下自己的前程，此事虽然做得很神秘，但还是留下了历史记录。

那么，雍正帝宠信道教的表现是什么呢？

首先，访求道士。雍正八年 (1730 年) 春，雍正闹了一场大病。为治病，他命令百官大规模访求名医和术士。很快，四川巡抚宪德写折子说，当地有个人叫龚伦，有长生之术，86 岁时还得了个儿子。雍正立即谕令此人进宫，但此时龚伦却死去了。为此，雍正十分惋惜。浙江总督李卫密奏说，民间传闻河南道士贾士芳有神仙之称，特推荐此人进京为皇上治病。贾士芳原是北京白云观道士，后来浪迹河南。贾士芳进宫初期，雍正还觉得治疗挺见效，可后来他渐渐发现，贾士芳用按摩、咒语等方术控制了自己的健康。天子岂能容他人摆布，于是雍正下令将贾士芳斩首。雍正虽然杀了贾士芳，但他并没有因此失去对道士的信任。据清宫档案记载，雍正从闹病到死去大约五年的时间里，一直频繁地参加道教活动。此外，他还在主要宫殿安放道神符板，甚至在御花园建了几间房子让道士娄近垣等人居住。雍正在苏州给道士还定做了法衣，一次就是60件。

其次，开始炼丹。一切准备就绪，雍正帝在圆明园内开始秘密升火炼丹。大道士张太虚和王定乾被选入圆明园炼丹。清宫《活计档》里面披露了雍正炼丹的一些情况。最早的记载是在雍正八年：十一月十七日，内务府总管海望和太医院院使刘胜芳一同传令：往圆明园秀清村送去桑柴750公斤，白炭200公斤；十二月初七，海望、刘胜芳传令：往圆明园秀清村送去口径一尺八寸、高一尺五寸的铁火盆罩一件，红炉炭100公斤；十二月十五日，海望、刘胜芳和四执事侍李进忠一同传令：往圆明园秀清村送去矿银十两、黑炭50公斤、好煤100公斤；十二月二十二日，海望和李进忠又一同传令：圆明园秀清村正在炼银，要用白炭500公斤、渣煤500公斤。档案中提到的秀清村位于圆明园东南角，依山傍水，是一个进行秘事活动的好地方。档案记载，在一个多月的时间里，往秀清村送的木柴、煤炭就有两千多公斤。从《活计档》中发现，从雍正八年到十三年这五年间，雍正先后157次下旨向圆明园运送炼丹所需物品，其中光为炼丹用的煤炭就有234吨，此外还有大量矿银、红铜、黑铅、硫黄等矿产品，由此可以想见五年间秀清村炼丹的情景。

最后，服食丹药。雍正帝既然对丹药抱有希望，便尽兴享受丹药的乐趣。当他吃了王定乾等炼的丹药后，大感舒畅，觉得身心为之一爽，于是，大加赏赐道士。而且，雍正帝还把丹药赏赐亲近大臣。第一次在三月二十一日，内大臣海望交丹药四匣，按雍正旨意，分别赏给署理大将军查郎阿、副将张广泗、参赞穆登、提督樊廷四位大臣。第二次在四月初一，内大臣海望交丹药一盒，按雍正的旨意，用盒装好赏赐给散秩大臣达奈。

毫无疑问，现代研究表明，炼丹所用的铅、汞、硫、砷等矿物质都具有毒性，对大脑和五脏侵害相当大。雍正帝长期服用这种有毒物质，身体受到侵害。《雍正起居注》记载：雍正十三年八月（1735 年），雍正皇帝住在圆明园，八月十八日那天与大臣们商量处理少数民族事务，八月二十日召见宁古塔的几位地方官员，第二天仍然正常办公，说明这时他的身体仍然很好。但到了八月二十二日，他却突然得病，当天晚上，奄奄一息的雍正便宣布传位给儿子乾隆。第二天即八月二十三日，雍正帝去世。

文殊菩萨“转世”

文殊菩萨为佛教四大菩萨之一，一般称文殊师利菩萨，与普贤菩萨同为释迦佛之胁侍。文殊菩萨被称为智慧之佛；文殊菩萨所乘之坐骑狮子，又象征威猛和法力无边，所以，文殊菩萨是智谋与威武相结合的化身。

乾隆皇帝与文殊菩萨有着很深的渊源。相传，康熙五十年八月十三日傍晚，雍亲王胤禛打猎回来，在山弯里影影绰绰见到一头狮子，背上驮着一个穿兜肚的小孩儿，擦身而过。雍亲王一愣神，只见眼前一片金光，小孩和狮子转眼不见了。雍亲王来到府邸，只见一个小太监前来报喜，说福晋生了个胖小子。胤禛大喜，前去观看，不禁大吃一惊，这个孩子怎么和刚才看到的那个骑狮子的小孩长得一模一样。太神奇了。这件事很快传开了，人们纷纷说这是佛光普照，骑狮子的正是文殊菩萨，

△ 乾隆帝扮文殊唐卡

那个小孩一定是文殊菩萨转世了。而这个孩子，正是胤禛的第四个儿子弘历，也就是后来的乾隆，从此，乾隆是文殊菩萨转世的说法不胫而走，乾隆即位之后，更是被称为“文殊菩萨大皇帝”。

对于这个称呼，乾隆帝非常喜欢。我想，这主要是给他蒙上了一层神秘的面纱，和文殊菩萨沾上边，那就不是一个普通的帝王了。所以，乾隆极力把自己打扮成文殊菩萨，时时处处向文殊菩萨靠拢。

比如，乾隆一生绘画多幅佛装画像，就把自己打扮成文殊菩萨。画面正中的乾隆帝为中年形象，面目清秀，留须，双目凝视，反映出内心的安详。头戴班智达帽，身着僧衣，右手结说法印，左手结禅定印，上托法轮，全跏趺坐于莲花托须弥座上。最上方示现其修行本尊的三座坛城。第二层正中为上师三世章嘉，章嘉小像的左右两侧分别描绘出诸佛菩萨。乾隆像背光四周环以藏传佛教历代先师，空档处填绘繁密的花朵及花枝。座下两侧集结着以空行母、金刚亥母为主的佛母、菩萨等诸神。

比如，乾隆帝一生曾经六次参拜五台山，只因为五台山是文殊菩萨的作法道场。乾隆十一年（1746 年）九月下旬，他陪着母后“甄嬛”第一次瞻礼五台山，于菩萨顶建醮讲经，并朝拜了中台、西台，赏赐罗瞧寺、显通寺、塔院寺、殊像寺、碧山寺等各寺匾额。乾隆十五年（1750 年）二月，他再次陪着母后“甄嬛”瞻礼五台山，又于菩萨顶焚香礼拜，瞻谒金容，为皇太后祈福安宁。乾隆二十六年（1761 年）二月，他第三次陪着母后“甄嬛”拜谒五台山，为皇太后七旬万寿，诣显通寺拈香礼拜，祈祷皇太后万寿无疆。这些行为虽旨在宣扬孝道，康福长寿，最关键的是表达自己和文殊菩萨的“关系”。母后“甄嬛”去世之后，乾隆帝于乾隆四十六年二月、五十一年二月、五十七年二月，三次西巡五台山，躬谒金容，朝拜菩萨，进一步确立自己是文殊菩萨大皇帝的至高地位。

避暑山庄与乾隆关系太紧密了，那是他出生的地方，就是在那里，他的父亲胤禛看到了那个骑狮子的小孩。所以，乾隆帝在避暑山庄修建了两座意义非同寻常的寺庙：殊像寺和普宁寺。普宁寺建于乾隆二十年，这年五月，清政府平定厄鲁特蒙古准噶尔部达瓦奇的叛乱，十月，乾隆帝再建普宁寺，寺内供奉乾隆扮文殊菩萨像；殊像寺建于乾隆三十九年，主殿供奉的文殊菩萨像，就是仿乾隆帝的容貌塑造的，体现了乾隆帝与文殊菩萨之间的渊源。

比如清东陵裕陵地宫中的文殊菩萨雕像。这尊雕像，在第一道石门的东扇门，头顶莲花佛冠，下身穿羊肠大裙，身披随风飘舞的长巾，双手掐西番莲，右手托宝剑，能驱除邪恶，左手托起经卷，象征智慧无穷，佛法无边。

乾隆帝终身追求的就是要成为这样的文殊菩萨大皇帝，他希望有朝一日，自己能够成为真正的文殊菩萨。

御医难当

御医进宫为皇帝和后妃诊病，不仅待遇高，还会有很隆重的赏赐。同时，有过进宫当御医的经历，也会对他们大有好处，出去之后，在社会上令人仰慕和信服，成为专家是没有问题的。可是，那些进宫的御医也深受其累，有道不完的苦水。

吓破胆的御医

太医，是指封建社会专门为帝王后妃等上层统治阶级医疗服务的医生。清宫的太医院建于顺治元年，有院长，五品；副院长也叫左院判，六品；御医，八品；下面还有吏目、医士、医生等，从九品，这些人待遇不一样，但统称为太医，有一百人左右，都是汉人。

给皇帝看病，看起来非常风光。作为一个医生，外界看来肯定是医术高明，不然怎么会被选为太医呢。可是，这些人一旦成为太医，不仅面临着严峻的考验，有时甚至面临生命的威胁。因为这些人不仅仅面临

△ 太医院药架

医术考验，最主要的是还会被迫卷进政治斗争。所以，御医们是提心吊胆承应差事的。我举几个例子：

比如说同治帝之死。同治帝在同治十三年十月三十日患病，太医院院判李德立和御医庄守和诊断的情况是："系风瘟闭束，阴气不足，不能外透之症，以致发热头眩，胸满烦闷，身酸腿软，皮肤发出疹形未透，有时气堵作厥。"其实，这些御医早就看出来同治帝得的不是天花，而是梅毒，但是，堂堂天子得梅毒，怎么能够说得出口呢，一定会被外人耻笑。所以，御医们很是为难，不知道怎么办。如果实话实说，慈禧肯定不会饶恕他们，没准一发怒，还会杀了他们；但是，如果按照太后的说法，按照出天花来治疗，一定会耽搁病情。真是左右为难，整日提心吊胆。最后，还是慈禧说了算。慈禧愿意说是出天花，那好吧，太医们就开出了治疗天花的药单子。

再比如说光绪帝之死。宫中档案记录的死因很复杂，无非是光绪帝身体一向虚弱，有遗精肾亏之症，再加上风湿等，最后多病复发，六脉已绝而死。御医杜钟骏著有《德宗请脉记》传世，其中，有很详尽的诊脉记录：他怎么号脉，怎么与光绪帝对话，怎么和其他御医商量，如何下药等等。从那里看，光绪帝一定是病逝的。可是，我们通过其他史料发现，杜钟骏没说实话。名医屈桂庭在《诊治光绪帝秘记》中，记载光绪死前三天“在床上乱滚”，“向我大叫，肚子痛得了不得”，且“面黑，舌焦黄”。很明显，屈桂庭说的是实话。因为这种说法在后来的科学检测中，得到了印证。近年来，有关部门采用原子荧光光度的高科技手段，对光绪帝的部分发样和部分葬衣进行科学检测，最终得出结论：光绪帝死于砷中毒，也就是砒霜中毒。2008 年 11 月 3 日，国家清史编纂委员会在北京举行光绪死因研究报告会，正式宣布光绪帝死于急性砒霜中毒，这个笼罩在人们心中的疑团终于被解开。

都说太医看病难，此言不假。比如，明令禁止使用针灸，原因是皇上的龙体外露有失尊严。不能坐着给皇帝诊脉，得跪着诊脉。不能让皇帝伸出舌头看看舌苔，那样有失帝王尊严。不能问皇帝二便如何，那也有失皇帝的威严。尤其是御医们给妃子们看病，更不能触摸妃子们的手腕，以免伤了风化，这样就传出了悬丝诊脉的故事：太医只能把一根丝线由太监递到挂着帷帐的房间里，系在妃子们的手腕上，另一头放在屋外太医的手里，而负气的妃子们常常把她们那头系在椅子腿上，想考考太医能不能诊出她们的病。实际上系与不系都不能通过丝线切得脉象，太医们在这里走了一个形式，作了一个秀。他们敢给妃子们看病，事先已经千方百计地通过贿赂妃子们的贴身太监，把病情了解得一清二楚，此刻诊脉，只是在静思默想如何下药而已。

这样的御医，你还羡慕吗？

慈禧喜欢“野大夫”

看到这样一个标题，大家可能感到很奇怪，什么叫“野大夫”呢？就是那些民间的郎中。慈禧作为一个大独裁者，宫里面聚集了那么多御医太医，又有专门的太医院伺候她，为什么喜欢民间的野大夫呢？

御医们谨小慎微，俗话说“伴君如伴虎”，何况是喜怒无常的慈禧呢？一般来讲，御医们并不愿意一辈子供职于太医院，不知道什么时候就会招来杀身之祸。我们看《大宅门》的时候，了解到白家老大给王爷府的格格看病，一摸是喜脉，实话实说了，结果，人家格格没出阁呢，白家老大吓得赶紧逃离京师，不然会死无葬身之处。宫里的御医更是如此，不仅需要高超精湛的医术，更需要眼观六路、八面玲珑的处世能力；否则，就会惹祸上身。所以，慈禧患病，不会对御医抱太大的希望。

慈禧作为一个垂帘听政的太后，大权独揽，国事纷繁，会经常着急上火，因而，她的身体会有很多毛病，尤其她还是女人，生过孩子，比男人得病的概率还会大一些。比如，慈禧常年肠胃不和，从年轻的时候就经常这样。虽然御医们想尽了办法，但是治疗效果始终不佳。给大家讲个故事，光绪二十六年，慈禧西逃，一路上辛苦就不用说了，再加上着急上火，她的年事也高了，老毛病犯了。御医诊断：“腹胀、阵发性腹痛、食欲不振，七八日不解大便，小便黄少，午后发热，口渴喜冷饮，身上发冷。”可是他们束手无策。慈禧不想用他们，便下令在西安寻找名医，结果一个叫刘天定的乡下大夫被引见给慈禧看病。诊断过程中，还闹出笑话，刘天定号脉后想看看舌苔，这完全符合中医的“望闻问切”之法，可是又是不允许的。所以，太监骂刘天定大胆。幸亏慈禧明智，为了治病不能不给看。这样，刘天定看到了慈禧真正的病情：“舌质紫红少津、舌苔干黑且有裂纹”，于是对症下药，当天见效，半夜排黑色干便一次，五更排稀水便一次，次日清晨发热、腹胀减轻，三天后，慈禧痊愈。

特别是慈禧有难言之隐的时候，尤其不需要御医来诊治，以防消息外泄。这里我讲一个故事。光绪八年，慈安已经去世一年多了，慈禧在宫中已经没有人能够约束她了，她寂寞难耐，于是像皇帝一样招来男宠厮混，结果怀孕了。怎么办呢？一个寡妇怀孕，传出去还了得吗？这种事也不好叫御医来处理。好事不出门，坏事传千里，慈禧决定不用宫里的御医。于是，心腹大臣李鸿章向她推荐了江南名医薛福辰。薛福辰是个精明人，他一想就明白了，一定不是普通之病。他通过给慈禧诊脉，就更加肯定了，慈禧怀孕了。于是，聪明的薛福辰给慈禧建议用“清瘀活血，行气通络”之法，必然奏效。慈禧一听，觉得薛福辰明白了她的症状，便同意了他的建议。薛福辰赶忙跑到宫外，亲自配了一服堕胎药，

▷ 慈禧西逃照片

让慈禧服下，药到病除。这件事在野史中广为流传，言之凿凿，我觉得是有可能的。慈禧27岁守寡，后来垂帘听政，大权独揽，宛如皇帝一般，以她的个性，发生点这样的事也比较正常。

当然，慈禧需要宫外名医的最大目的，还是出于对美容养颜的需要。她认为这些事御医们干不好，有时甚至她喜欢自己亲自动手。比如炮炼胭脂，她就是自己亲自挑选玫瑰花瓣，亲自指导如何炮炼等。很显然，御医们对于她的皮肤保护、面部保养、头发护理、牙齿保健等，未必都尽如人意。这样，有人给她推荐了苏州名医曹沧洲，曹大夫认为慈禧的病症，多半源于工作压力太大，心情不好，体内气血阻滞，于是他献给慈禧两个方子：一是三钱萝卜籽的药汤，通便顺气，调理慈禧的气血阻滞；二是松仁粽子糖，由多味中药制成，可以清痰润肺，健脑强身，对慈禧体虚脱发有很好的疗效，而且清爽可口。慈禧接受了曹沧洲的这两个方子，效果很好，不仅体内郁积之症得到了缓解，而且面部血色也得到了改善，达到了标本兼治的效果。

与御医 PK 的帝王

清朝的帝王，在医学治疗方面大都自以为是，他们甚至可以命令太医，与御医 PK，自己开方子。

康熙帝就非常自信，他认为自己见多识广，看的书也多，经历的事也多，所以，往往自以为是。我举几个例子。

比如康熙帝对补药有自己的见解，他认为北方人吃补药没用。当大臣赫世亨向他进奉补药时，康熙帝说：“我从来不吃补药，我劝你也别吃；补药对人身体一点儿好处都没有，你吃完补药之后，有什么反应吗？”赫世亨说没有，康熙帝说：“吃补药，就好比那些小人说些奉承的话一样，

△ 康熙帝半身像

听着好听实际上一点儿好处也没有。”康熙帝为此曾严厉批评他的皇八子胤禩，说他没事儿经常吃补药，结果越补越糟。就连赫世亨也是一样，闹了毛病，不用药物，反而用补药，结果是病上加病，最终还是听了康熙帝的话，停了补药而吃治病的药。

再比如，康熙四十四年八月，康熙帝在外出巡，这时宫里传来不好的消息，苏麻喇姑病重，便血不止。康熙帝十分着急，他马上指示宫里治疗，并且亲自开了药方：用药材西伯噶古纳加上白煮鸡汤，掺在一起喝下。但是，令人意想不到的是，这个对康熙帝百依百顺的苏麻喇姑这时居然抗旨不遵，坚决不肯吃药。康熙帝没有责怪苏麻喇姑，因为这是她多年的习惯，有病从来不吃药，就这样，这年的九月初七，她走完了余下的人生。

雍正帝也是一样，他自认为精通医理，给自己找到了长生不老的秘诀——吃丹药。他找来很多大道士在圆明园炼丹，一时之间，圆明园余烟袅袅，仙气翩翩。雍正帝亲自布置，还非常悠然地写下《烧丹诗》，描述道士们给他烧炼长生不老丹剂的情景。雍正帝非常相信吃丹剂能够长生不老，所以，他不停地吃，反复吃，还赏给那些非常得宠的大臣吃。结果怎么样呢？这些丹剂里面有大量的铅和锡，都是毒素，是会置人于死地的。专家考证，雍正帝极有可能是铅中毒死亡。

光绪帝是一位聪明的帝王，他对自己的身体非常了解，当御医给他开药却总是不见效果的时候，他似乎明白了一切，而且，各种御医纷沓而至，让光绪帝非常心烦。于是，光绪帝不耐烦地斥责御医："你们没有对症下药！"言外之意，你们不是在救我，而是在害我。可是，有什么用呢？光绪帝无能为力，他被完全控制住了，最终还是被砒霜毒死了。

大家可能要问，帝王们为什么要自以为是地对御医指手画脚呢？我想有两个原因：一是告诫御医不要糊弄皇帝，我懂，你骗不了我；二是御医不便深入诊脉皇帝，有很多禁忌，皇帝不得不下功夫自己研究。但是，这些自以为是的帝王们由于不是专业大夫，也会害了自己。比如慈禧，她的儿子同治帝明明得的是梅毒，她区分不开，就认定是天花，结果害死了亲生儿子。

长寿的秘密

高高在上的帝王后妃们，都在寻找各种长寿的秘诀，无论吃的还是锻炼的办法，都是他们追逐的目标。在清朝帝王中，确实有两位帝王总结出了“长寿秘诀”，看起来效果不错，直到今天还有借鉴作用。

康熙帝的养生秘诀

康熙帝非常聪明，他颇有一些养生之道，今天我把他的养生之道总结一下，供今人借鉴使用。

第一，饮食有度。俗话说“病从口入”，好多病确实都是吃出来的，比如心脑血管疾病就与饮食习惯大有关联。康熙帝有哪些经验呢？

不喝白酒。康熙帝从来不喝白酒，他认为喝白酒不仅误事，而且对身体有害，所以从小就不喝白酒。但是，康熙帝喜欢喝一种酒——西洋的葡萄酒。大概是康熙四十七年一废太子之后，康熙帝时常出现心悸的毛病，而且站立不稳，手颤抖。中医调理不见效果，便有人向他推荐了葡萄酒。开始，他很不习惯，但是坚持下来，每日一小杯，效果很好，他的那些毛病逐渐好转。

饮食清淡。满洲人喜欢吃肥猪肉，喜欢油大。康熙帝认为那样对身体不好，于是，他主张多吃时鲜的蔬菜，比如黄瓜、茄子、萝卜等。

少食多餐。康熙帝不主张吃得很饱，尤其是高年之人。康熙帝说千万不要吃饱，要少食多餐，对身体才有利。

第二，养成好的习惯。康熙帝认为，一个好的习惯很重要，它直接影响人的身心健康。康熙帝从不吸烟，吸烟有害健康。为了禁烟，康熙帝想了个办法。一天他上朝，要赏给两个最喜欢吸烟的大臣烟嘴。这两个大臣听说皇帝赏烟嘴，那一定好得不得了。二人接过康熙帝赏赐的烟嘴一看，果然棒极了，水晶质地。不过，有点问题，看上去和普通烟嘴构造不同。康熙帝说："你们试一试，看看怎么样？"二人一试，结果出

◁ 康熙帝书"寿"字

事了，烟火立即烧到了嘴唇。二人急忙吐出来，但还是烧坏了嘴唇。康熙帝哈哈大笑，立即下旨，要求天下禁止吸烟。

不用补品。康熙帝学贯中西，对中国人喜欢的补品大不以为然，尤其不喜欢喝人参汤。讲一个故事：太医孙斯百为了使康熙帝身体恢复元气，便给他开了带有人参的补品，熬药下服，康熙帝服下之后，浮躁不已，身体发出虚汗。康熙帝也是懂得医理的，他感觉不对，一定是服用了人参，便叫来孙斯百，果然不出所料。于是，康熙帝大怒，要处死孙斯百，最后从宽免死，打了二十大板，并下旨要求其永远不许行医。

不乱练功。康熙帝晚年多病，有人建议他练练气功，对身体有好处。康熙帝并没有轻信。他认为气功不一定适合所有的人，弄不好还会走火入魔，他试了两次，觉得并不适用，所以没有练气功。

第三，穿衣要得体。康熙帝认为穿衣服也很重要，对养生有一定意义。他认为每个人穿衣服一定要得体。

不要太华丽。华丽的衣服使人浮躁，对身心身体不一定有好处。

季节要分明。康熙帝认为冬季穿衣，宁可多穿，不要少穿。他还讲了道理，说你穿少了，美丽动人了，可是你就得烤炉子，要不然会很冷啊，这样，你出去的时候就容易感冒，影响身体健康。

第四，养生要养心。康熙帝认为养生之道重在养心。首先，要心地善良，不要心怀险恶；其次，要清心寡欲，不要心浮气躁，欲望是万恶之源；最后，要有喜悦之心，千万不要愁眉不展，要每天高高兴兴，这样的心情有利健康养生。

这些秘诀对于康熙帝的身心健康很有作用，如果不是国事纷繁和废太子的影响，不是被人暗中“下毒”（虽然还有争议），康熙帝会非常长寿。可惜，他作为帝王遇到了各种麻烦，极大地影响了他的身心健康。

乾隆帝的“长寿秘诀”

乾隆号称“十全老人”“古稀天子”，俗话说“人活七十古来稀”，乾隆帝活了89岁，这在中国古代帝王中仅此一例。大家想想，皇帝长寿很不易，妃嫔成群伤身体；国事纷繁伤脑筋；饮食随意伤肠胃。可是，乾隆皇帝丝毫未受影响，创出了中国帝王寿命之最。那么，他有什么秘诀呢？

第一，牢记秘诀。

乾隆帝秉承御医总结的十二字方针：“吐纳肺腑、活动筋骨、适时进补。”他尤其对后四个字加以重视，并且坚持不懈，努力实现。

“十常”：齿常叩，经常叩打牙齿，健康面部肌肉，防止牙齿松动；津常咽，经常咽咽吐沫，有利生津，有利肠胃；耳常弹，经常弹弹耳朵，有利听觉神经健康；鼻常揉，经常揉鼻子，对嗅觉恢复有利，并可有效预防感冒；睛常运，经常运转眼睛，对智商提高、反应灵活有利，当然视神经也会保持健康；面常搓，可以缓解面部衰老，缓解过度疲劳；足常摩，按摩脚心，当然起到足疗的效果；腹常旋，经常按摩小腹，对肠胃、对减肥有一定效果；肢常伸，经常做四肢伸展运动，既放松，又缓解疲劳；肛常提，经常做提肛运动，可以有效预防痔疮，还可以预防便秘、尿频、尿失禁等疾患。

“四勿”：食勿言、卧勿语、饮勿醉、色勿迷。这四勿虽然听起来简单，但是，每个人不一定都能做到。比如“食勿言”，吃饭的时候不说话，有谁能做到呢？一次做到了，又有谁能够坚持下去呢？比如“卧勿语”，躺下之后就不说话，有谁能做到呢？尤其是遇到了老同学老战友，会一聊到天亮的。至于“饮勿醉”，现代人更是极难做到，好多年轻人由于压力山大，经常会一醉方休。唉，乾隆帝的“四勿”看来要有毅力才可以行之有效啊。

第二，注意饮食。

乾隆帝喜欢用燕窝，因为燕窝具有养阴、润燥、益气、补中、养颜五大功效。所以，乾隆帝十分重视使用燕窝。一年四季中，乾隆帝每膳前必先吃一碗冰糖炖燕窝。在早晚两次正膳中，也常有燕窝菜，即燕窝红白鸭子、燕窝炒鸡丝、燕窝拌白菜、燕窝白菜滑溜鸡鸭等。

他还注意用鹿肉滋补身体，尤其喜食鹿肉。中老年以后，他几乎天天以鹿肉进补，保持体力精壮。乾隆帝对鹿的钟爱是非常有度的，并不是像晚清风流天子咸丰帝那样，一味喝鹿血壮阳。乾隆帝不是，他喜欢吃鹿肉，来滋补肾阴，而不是简单壮阳。而且，鹿的部位不一样，功用各异；烹调的方式不一样，作用也会有所差别。

乾隆帝最注重的就是应节气适当调节饮食，他认为这样有益无害。如春季食榆钱饽饽、榆钱糕、榆钱饼；端午节吃粽子，重阳节食花糕等。他还注意以粗补细，以野补身，如百姓常食的黄瓜蘸面酱、炒鲜豌豆、蒜茄子、芥菜缨、酸黄瓜、酸韭菜、秕子米饭等，都适量进食。

▷ 乾隆帝蕉叶写经

第三，控制房事。

皇帝有三宫六院七十二嫔妃，甚至比这个数量还要多。普天之下的女人皇帝都可以占用。选秀女不就是这个意思吗？人家的女孩子不经过皇帝验看，不撂牌子不可以出嫁。所以，皇帝的女人没有数量限制。那么，这就要看皇帝怎么控制自己了；否则，会纵欲过度身亡。乾隆帝就十分注重这一点。

我们从乾隆帝均匀的生育就能看出这一点。乾隆帝第一次生育是在他 17 岁的时候，而最后一次生育是在乾隆四十年，那一年他 65 岁了。在这个时间段里，乾隆帝的生育很有规律。精力充沛的时候，他会多生，比如 20 岁、36 岁、42 岁、45 岁、47 岁的时候，他都生育了两个孩子，说明他在这些年份频繁接纳妃嫔。可是，当年近花甲之时，乾隆帝则有意识控制房事，因而从乾隆三十一年他 56 岁之后，就基本不再生育。之后，过了 10 年的光景，才在乾隆四十年，完成了他最后一次生育，因为他遇到了他最喜爱的惇妃，给他生育了最喜爱的小女儿十公主。

乾隆帝的这些秘诀和方法，确实帮了他，他以 89 岁的高寿，创造了一个帝王高寿的奇迹。

短命鬼

宫廷和民间没有什么区别，有长寿的老寿星，比如乾隆帝母子，他们都活了八十多岁，比如之前讲过的后宫三位老寿星：康熙帝的定妃活了 97 岁，雍正帝的纯懿皇贵妃活了 96 岁，乾隆帝的婉贵妃活了 92 岁。可是，这毕竟是少数人，属于凤毛麟角；大多数后宫中的妃嫔，包括她们的子女都比较短寿，有的甚至比老百姓还短寿。我梳理了一下，大致有以下几种情况：

第一，帝王早逝。

帝王早逝分多种情况。

有纵欲过度，英年早逝的。咸丰帝当属此类。他即位之初，奋发向上，勤政务实，兢兢业业。可当内忧外患而一筹莫展之时，他就开始堕落，不知爱惜自己的身体。市井传闻他有“四春之宠”，并说他曾勾引他人之妻，闹出许多笑话。他每日“以醇酒和美妇自戕”，每饮必醉，每醉必有一二妇人遭殃；常年以鹿血补阳，越补越亏，终于咯血而亡，年仅31岁。

有气大伤身的。都说气大伤身，在清宫诸帝中，是否有这样的实例呢？答案是肯定的，他就是清朝第二帝皇太极。皇太极身体素壮，膀大腰圆，看上去就是个壮汉。虽然当时战事不断，但他居然有些身体发胖，尤其是努尔哈赤死后，他继承了汗位，身体发胖的表征就更加明显了。皇太极气性大，在历史中是有明确记载的。崇德六年（1641年）四月，清军围攻锦州时，宗室王公济尔哈朗、阿济格、多铎等竟然不坚守阵地，到离城很远的地方去打猎，致使明军抓住有利时机，不断向锦州城内运送粮饷，以供急需。这件事说白了就是将帅临阵脱离职守，丧失作战良机，是十分恶劣的。皇太极闻报后勃然大怒，于是，赌气地下发了三不准谕旨，即这些人不准入城、不准入衙门、不准入大清门。这其实就有些过分了。因为处理国政，不比处理家庭纠纷，“三不准”虽然惩儆了王公，却迟滞了政务，使得衙门公务不得正常开展。犯错的王公自己不敢向皇太极认错，便托德高位重的范文程说情。范文程受人之托，便上奏皇太极，要求网开一面，并明确说明对这些皇室贵胄说说就算了，不必太为较真。可皇太极就是不允许其进入大清门，一直怄气了近半个多月，才云开雾散。类似的情况发生在皇太极身上的还很多，发很大的火，生长时间的气，极大地损伤了他的身体，尤其是心脏。宠爱的宸妃死去，

△ 同治帝像

他又是大悲过度，所以，致命的痼疾其实早已潜伏在了他体内。为了排解他的气郁，崇德八年（1643年）四月初六，朝廷曾派人向常住沈阳的朝鲜国王之子求药，以解除皇太极的闷烦、热燥和痰症，朝鲜国王为之进上了竹汤。但是，由于他气性大，遇事爱动怒，又患上了出鼻血的病症，有时数天不止。崇德八年八月初九，皇太极处理完一切政务后，在清宁宫南炕上端坐而终，史称他“无疾而终”，终年52岁。其实，还是他积劳成疾，气滞腑脏，中风而亡。关于皇太极的暴亡，史界颇有争议，有待史家从医学的角度展开深层次的探讨。

有炼丹伤命的。雍正帝为求长生不老，在为皇子时就写过一首《烧丹诗》：“铅砂和药物，松柏绕云坛。炉运阴阳火，功兼内外丹。”从雍正四年开始，他吃一种“既济丹”的丹剂，其中含有铅、汞、硫、砷等有害物质。雍正帝迷信道仙，遍访天下道士，先后有贾士芳、娄近垣、张太虚、王定乾等人。从雍正八年始，雍正帝在圆明园南角的香清村大炼丹药，自此，一发而不可收。所以，有专家证明，因服用大量的丹剂，到雍正十三年八月，雍正帝暴亡于圆明园，终年58岁。

有得天花的。天花是一种烈性传染病，清朝皇帝中，顺治帝福临和同治帝载淳都被记载为出天花而亡。天花发病极快，从同治帝的发病期看，从同治十三年十月三十日到十二月初五驾崩，前后历时仅37天，同治帝去世时年仅19岁，是清朝最短寿的帝王。其间，御医们使出浑身解数，也未能留住他的性命。所以，清廷在选择嗣君时，把是否出过天花作为选择的重要标准。顺治帝第三子玄烨就是因为出过天花，具有了免疫力，才得以顺利继承大统。

有暴亡的。清朝皇帝暴亡的很多，有皇太极暴亡，说他没有病，坐着就死了；康熙帝暴亡，本来感冒好了，却在不知不觉中突然去世；雍正帝暴亡，仅仅两天的病情就突然离世；嘉庆帝暴亡，七月二十四日中暑，第二天就突然去世。宫闱秘闻，外人无从知晓，但是，帝王暴亡终究是人们非常关注的话题。

第二，后妃早逝。

这也有多种情况。

有心有愁绪而早殇的。大家知道，心情舒畅会健康长寿，而后妃却往往不能心情舒畅。她们因为种种原因而愁绪满怀。后宫中，这样的女子很多，她们往往因不如意，心中抑郁，过早去世。如皇太极的宸妃，婚后十分得宠，崇德二年生有皇八子。皇太极十分喜爱这个孩子，决定立为皇太子，在大政殿举行了隆重仪式，宴请百官，诏告天下。谁知，此子命薄，不足 7 个月而亡。宸妃从此抑郁成疾，4 年后死去，年仅 33 岁。顺治帝的董鄂妃同宸妃一样，屡蒙晋封位号，生下了一个皇子。顺治帝本想立为皇储，可此子只活了 3 个月就夭折了。董鄂妃遭此打击，3 年后死去，年仅 22 岁。孝贤纯皇后是乾隆的正宫皇后，乾隆十分宠爱。雍正八年，她生下了皇二子永琏，因为系嫡出，后来被立为皇太子，但只活了 9 岁就去世了。乾隆十一年，孝贤再生皇七子永琮，乾隆又有意立为太子，不料还未满两周岁又殇逝了。孝贤纯皇后从此忧郁成疾，3 个月后死在出巡途中，年仅 37 岁。

有遭到冷遇而死的。这种情况有两个人。一个是康熙帝的良妃卫氏，她由于出身卑贱，虽然生育了一个优秀的皇八子胤禩，但还是不被康熙帝看重。康熙帝时时把她的出身放在嘴边，甚至用卫氏的出身刺激胤禩，这导致良妃有了轻生的念头，当她病重的时候，拒绝接受治疗而身亡，年仅四十多岁。另一个就是乾隆帝的乌喇那拉氏，她本来是高高在上的中宫皇后，可是在乾隆三十年与令妃的宫斗中被令妃打败，后打入冷宫。那拉氏在冷宫中只活了一年多就去世了，终年 49 岁。

有被害而死的。这种情况的后妃也有两个。一个是努尔哈赤的大妃阿巴亥，天命十一年八月，努尔哈赤病逝，第二天大妃阿巴亥被逼殉葬，年仅37岁，属于被害身亡。以她的生育和身份，殉葬是不合适的，她是宫廷斗争的牺牲品。另一位就是光绪帝的珍妃，这个女人由于遭到慈禧嫉恨，在光绪二十六年七月被残忍投入井中淹死，年仅24岁。

有神秘暴亡的。这种情况的有三个人。一个是道光帝的孝全成皇后，在道光二十年正月十一日，正在过春节的时候，暴亡宫中，年仅33岁。一个是慈安太后，在光绪七年三月初十，暴亡于钟粹宫中，终年45岁。一个是同治帝的皇后阿鲁特氏，在同治帝去世75天后突然暴亡，年仅22岁。

走进御膳房

这个话题大家一定很感兴趣。帝王后妃们平时吃些什么呢？当然是天底下最好的食品了。究竟奢靡到什么程度，我们很难凭空想象。清朝是一个少数民族建立起来的政权，他们的饮食很有民族特色，我们不妨依据档案，走进清宫的御膳房。

让你一饱眼福

要说皇家的膳食是美食大餐，一点儿也不假，他们平时每天的供应，就让你瞠目结舌。帝后妃每日份例：

皇帝：盘肉20斤、汤肉5斤、猪油1斤、羊2只、鸡5只、鸭3只，白菜、菠菜、香菜、芹菜、韭菜共19斤，大萝卜、水萝卜和胡萝卜共60个，包瓜、冬瓜各1个，苤蓝、干闭蕹菜各5个，葱6斤，玉泉酒4两，酱和清酱各3斤，醋2斤。早、晚膳饽饽8盘，每盘30个，御茶房备茶乳等。皇帝用50头牛，得牛乳100斤，玉泉水12罐，乳油1斤，茶叶

75包。皇后：盘肉16斤，菜肉10斤，鸡鸭各1只，白菜、香菜、芹菜共20斤13两，水萝卜、胡萝卜共20个，冬瓜1个，干闭蕹菜5个，葱2斤，酱1斤8两，清酱2斤，醋1斤。早、晚膳饽饽4盘，每盘30个，用乳牛25头，每天得乳50斤，每日用玉泉水12罐，茶叶10包。皇贵妃：盘肉8斤，菜肉4斤，每月鸡、鸭15只。贵妃：每日盘肉6斤，菜肉3斤8两，每月鸡、鸭各7只。妃：盘肉6斤，菜肉3斤，每月鸡、鸭各5只。嫔：每位盘肉4斤8两，菜肉2斤，每月鸡、鸭各5只。贵人：盘肉4斤，菜肉2斤，每月鸭8只。常在：盘肉3斤8两，菜肉1斤8两，每月鸡5只。而所需其他菜蔬则共同调配：每日共需白菜40斤，香菜4两，芹菜1斤，葱5斤，水萝卜20个，胡萝卜、苤蓝、干闭蕹菜各10个，冬瓜1个，酱、醋各3斤，清酱5斤。此外，菜房备办皇贵妃、贵妃每日用乳牛各4头，得乳8斤；妃日用乳牛3头，得乳6斤；嫔为乳牛2头，得乳4斤，以上各人每日用茶叶5包。贵人以下没有乳牛，随本宫主位赏用。这些帝后妃们每日所用巨大，是普通人难以想象的。以上是其中享用的一部分，各种时鲜及进贡尚不包括在内。足见举国供张的清宫内廷消费之巨。但是，我们可以推测，这些后妃们每日养尊处优，活动量极小，能吃多少东西呢？所以，她们往往将剩余之物精装打包，赏人了事。或上一级主位赏给下一级主位，或赏宫外王府、公主府，或赏太监、宫女，有时也赏外戚，而在禁城内值宿的军机及章京们有时也可得到赏食。

尽管是举国供张，清朝皇帝并没有被美食冲昏了头脑，他们清醒得很，知道病从口入的道理，因而，清朝皇帝制定了非常合理的饮食制度。

一是合理的膳食搭配。首先是平衡膳食。如乾隆帝野意酒膳中，有高热的鹿肉，高蛋白的野鸭、鸡肉，又有老虎菜、榆蘑，菜面合一的包子、烫面饺、炸盒子……这是一餐滋养清热的酒膳，平衡了食品中的热量、蛋白质和营养纤维的吸收。其次是重佐餐。宫中称为配盘小菜，如腌菜、芥菜缨儿、酸黄瓜、酸韭菜、葫芦条、蜜山楂、狗奈子等。最后是重粥。粥有粳米粥、红豆粥、小米粥、绿豆粥、大麦粥、黄米粥、百果粥、紫米粥、老米粥。最有名的为八珍粥，以小米、冬瓜皮、白扁豆、山药、薏米、莲子、人参为原料同煮而成，营养价值极高。

二是合理的膳食制度。定时，清宫每日两餐制，早膳在卯时，晚膳在酉前，两膳之间有一次点心，晚膳之后有一次酒膳。定量，康熙帝讲过，“各人所不宜之物，知之即当永戒”，要求节制饮食。对于饮酒，康熙“平日膳后或年节筵宴之日只饮小杯一杯”。乾隆三十五年曾明确规定，宫廷筵宴时，每桌用玉泉酒四两，不得超量饮用。制订计划，以乾隆帝为例，每晨起空腹食一碗“冰糖燕窝”，早晚各备荤素菜肴八品，佐餐小菜二品，饽饽、米膳四品，粥、汤各一品，共16品。晚膳为酒膳，小菜四品，玉泉酒一杯。同时，还要随季节变换适当调换：秋末冬初，早、晚膳加两个热锅菜；四月，换拌凉菜；六月至八月增凉拌藕、江米藕；冬三月则加食鹿肉、羊肉；夏三伏，加绿豆粥、糊米粥。

不仅如此，清宫中的膳食还具有浓郁的满族特色，少数民族的特点十分浓厚：

喜食野味。野菜类：各种山菜、菌；狍、鹿、野猪、野鸡、鹌鹑；野果如榛子、松子。

喜食杂粮。用米、麦、豆、高粱、玉米、糜子做成各种美食。

喜食奶茶。清宫食奶量很大，皇帝及后妃每日有定额：皇帝日用50头牛交乳共100斤，皇后日用25头牛取乳50斤，其余递减。制成的奶制品有奶皮子、奶卷、奶饼、奶酥油、奶饽饽。

喜食火锅。满洲人对火锅的钟爱，源于其先世女真人，而女真人喜食火锅则受一千多年前契丹人的影响。在满洲，尤其是贵族人家，遇有喜庆、年节时都要食火锅，而在平时则不肯食用，视其为奢侈之物。在清宫中，历代帝王、后妃都喜食火锅。无论在档案里还是在清宫文物中，我们都发现了火锅的影子。如现存于清东陵的清宫银火锅，制作异常精美。在民间的贵族之家，则很难看到金银之器制作的火锅，概以锡为之。据记载："火锅以锡为之，分上下层，高不及尺，中以红铜为火筒，著炭，汤沸时，煮一切肉脯鸡鱼，其味无不鲜美。冬月居家，宴客常餐，多喜用之。"引文对火锅形制、质地、使用方法及所涮之料都做了详尽说明。其实，我们在清宫千叟宴中，就看到使用火锅的记载。如乾隆六十年，以明岁丙辰，纪年周甲，于元旦举行授受大典，改元嘉庆，决定于次年正月初四在皇极殿举办千叟宴，参与活动的人数达8000余众。在进馔时，分出一等桌张和次等桌张两种，其中"一等桌张用火锅"，也就是说，在盛宴菜谱中以火锅为核心、为元菜，并将之记录在档。

喜食饺子、饽饽。饺子也称"水点心""扁食""饽饽"，是清宫帝

△ 御膳房匾

王后妃十分喜爱食用的面食。饺子在民间十分普遍，最早见于唐代史料。明代称之为扁食，清代承之。饺子之所以受青睐，与其名字有直接关系。“饺”与“交”谐音，取“岁更交子”之意，所以人们在除夕之夜，子时一到，都要放鞭炮，吃饺子，辞旧迎新。而到正月初五，人们又要包饺子，其用意是将来年的破烂东西全部包住，尽纳其中，将其吃掉，以求新的一年吉祥如意。皇家会在吃饺子时增加一些趣味活动，通常像民间一样，在一锅饺子之中拣极少的几个饺子，在里面包有小金银锞或宝石，谁吃到了就意味着谁一年内大吉大利。不仅如此，清代帝王为了祈求代代衍续，香火鼎旺，还要在皇帝大婚时吃饺子，宫中称为“子孙饽饽”。这在清宫档案中常有记载：同治十一年九月十五日，同治帝与皇后大婚，夫妇二人在洞房花烛之夜，先吃子孙饽饽，再吃长寿面。皇帝吃饺子与寻常百姓不同，要吃出派头。从食具上，太监先端上配有食盖的彩色小瓷盆一个，内装有不同皮、馅的饺子，再端上小瓷碗、小瓷碟数个，均彩绘“万寿无疆”图案，最后，端上铜胎嵌珐琅浅碗 3 个，分别盛有南小菜、凉菜、醋。档案记载，御膳房的厨役们煮饺子的时间必须十分精确，皇帝一到昭仁殿，饺子要刚好出锅，热气腾腾地端上来。清宫规定，元旦前后，皇帝出门都要放鞭炮作前导，听炮之远近，即可推测出皇帝的行止处所。皇帝吃饺子从来不忘佛祖，所以，皇帝所吃饺子与敬佛的饺子要在同一锅中煮出来。但敬佛必须用素馅，有长寿菜、金针菜、木耳、蘑菇、笋丝等馅。乾隆帝吃饺子之前，要先到钦安殿、天穹宝殿、奉先殿、坤宁宫等处佛像前拈香祷告，经过一系列繁文缛节之后，直到凌晨 3 点忙完才安心吃上饺子。光绪帝由于有遗精的毛病，吃了好多养精固本的药也不见效果，因而，清宫在每年正月初一都要格外关照皇帝。光绪帝也十分卖力气，一次就能吃 20 个饺子，其中有猪肉长寿菜馅 13 个，猪肉菠菜馅 7 个。可是，尽管他吃了这么多的饺子，却还是未能生出一男半女来。清宫不仅皇帝、后妃吃饺子，太监、宫女、杂役等都要被赏吃饺子。如果哪位奴才被罚不许在正月初一吃饺子，那肯定是最严厉的处罚了。不仅如此，皇帝或后妃们还会吩咐，在宫里的墙根下、老鼠洞前，也放一些饺子，表示清宫的主子们恩泽天下，普度众生。

清宫中还有很多鲜花食品。漂亮的鲜花不但是装饰品，可供人观赏，还可以做成各种食品、菜肴，供人食用。清代宫廷就曾制作许多以鲜花调配的美味食品，尤其得到后妃们喜爱，有的还流传至今。

菊花。用菊花调制的宫廷菜很多，其一是“菊花火锅”。做法是采摘白菊花一两朵，将花朵上焦黄的或曾沾过污垢的花瓣剔除，再于温水中漂洗一二十分钟，接着再放入溶有稀矾的温水中漂洗。准备好盛有大半锅原汁鸡汤或肉汤的小暖锅，和一碟盛有去掉皮骨的薄生鱼片或生鸡肉片，少许的酱、醋。揭开暖锅盖，将鱼片和鸡肉片适量投入汤中，盖锅盖蒸煮五六分钟，再揭开锅盖，将适量菊花瓣放入汤中，封盖约五分钟，即成味道鲜美、清香可口的佳肴。其二是“清蒸什锦豆腐”。需备物料为：豆腐 8 两、口蘑 4 钱、竹笋 3 个、木耳 2 钱、菊花 2 钱、莲子 20 粒、银杏 20 个、藕 1 两、冬菜 6 钱、黄瓜 1 根、黄豆芽 9 两、鲜姜 2 钱、油 6 两。做法是：在大锅内倒入半锅水，放进黄豆芽，煮 30 分钟，然后去掉豆芽，留汤备用。用泡发的木耳、莲子、银杏、冬菜、黄瓜等各切成条或丝状。菊花仍用开水泡 10 分钟，洗净后，切成长约 3 厘米的细丝备用。一切准备妥当后，在大碗内放入口蘑、竹笋、木耳、菊花、莲子、银杏、藕、冬菜、鲜姜、豆腐，最后倒进已调好的豆芽汤半碗，加入油和盐，上笼用大火蒸 30 分钟，再用小火蒸 30 分钟，最后将黄瓜片码在豆腐上，趁热食用。

玫瑰花，可做成玫瑰饼。清代每年农历四月，宫廷大量采买玫瑰花，将其中鲜嫩、色正的花瓣洗净后晾干，制成粉，再和以面粉，调入少量蜂蜜，做成饼，放入蒸笼中蒸，约半小时即成美味食品。另一种玫瑰食品是明宫元宵。元宵是一种流行很广的食品，明宫元宵用糯米、细面为皮，以核桃仁、白糖、玫瑰花为馅，甘甜爽口，清宫后妃喜食。

桂花，可做成芸豆卷。芸豆是豆科植物菜豆的种子，芸豆卷的做法是将 1 斤芸豆以水泡发，放入锅中加水煮熟，待冷后搓成泥状。取红枣 5 两，以水泡发，去核煮熟，趁热加红砂糖 3 两、桂花适量，相拌成泥状，最后，将芸豆泥与枣泥相间平铺，卷成。另一种桂花食品是清宫元宵。它与明宫元宵的不同之处在于明用玫瑰花为馅，清用桂花、白糖、核桃仁、豆沙等为馅，爽口味甘。

玉兰花，是清宫菜“金鱼鸭掌”的重要佐品料。其做法是将鸭掌放入锅中，清水煮 15 分钟，五成熟取出，剔掉骨头与掌心硬茧。将香料和玉兰花放入其中，混煮，清爽可口。

看到这里，你是不是已经流口水了呢？

享受美器

乾隆帝说过，美食不如美器。精美迷人的食具、餐具确实给人以赏心悦目的感受，会勾起人们的食欲。清宫廷的美食餐具追求美食与美器的和谐统一，力图通过精美而至尊、至荣、至崇的食具来体现皇权的至高无上，给人以高山仰止之感。所以，御膳美器体现出装饰性、华贵性、夸耀性等特点。宫廷所用食器，多为金银、玉石、象牙等高级质料，由专门作坊制作。瓷器则由江西景德镇官窑特供。

清朝宫廷的精美食器，有专门的制作机构，那就是清宫造办处。造办处是清宫制造皇家御用品的专门机构，康熙年间建于养心殿，又名养心殿造办处。康熙三十年（1691 年）移至慈宁宫以南，直至 1924 年末代皇帝溥仪出宫之前，造办处为宫廷服务达两百多年。造办处由皇帝特派的内务府大臣管理，各类专业作坊先后有六十余个，包括玻璃厂、匣裱作、珐琅作、油木作、自鸣钟处、如意馆等。那些精美绝伦的金银器、珐琅器、玉器等，都是由那里设计并制造的。那里会聚了全国最优秀的工匠和制作艺术家，供职并服务于清朝宫廷。

至于清宫瓷器，则由专门的官窑烧造。最著名的当然是景德镇官窑了，那里承办着皇家的差使，烧造着最具皇家特色的宫廷美瓷。比如，光绪年间慈禧60大寿的时候，景德镇为慈禧烧造的“万寿无疆”盘、碗、盅、杯，华丽、细腻，带有浓郁的皇家气息。这里需要特别强调一位清代陶瓷艺术家唐英（1682~1756）。他能文善画，兼书法篆刻且又精通制瓷，沈阳人，隶属汉军正白旗，1728年奉命任景德镇督陶官，在职将近30年，先后为雍正帝和乾隆帝两朝皇帝烧制瓷器。由于唐英潜心钻研陶务，并且身体力行，积累了丰富的制瓷经验，由他主持烧制的瓷器

▷ 金瓯永固杯

无不精美，深受两朝皇帝的赏识，因此，乾隆年间的官窑也被人们称为“唐窑”。在唐英的督办下，乾隆斗彩瓷器器型变化多端、装饰富贵华丽、色彩绚丽缤纷；纹饰图案多以缠枝莲花、双鱼、灵芝等吉祥物组成，主要器型有碗、盘、瓶等。

清宫美食器具种类繁多，但都有专门账目管理。以乾隆二十一年十一月初三《御膳房金银玉器底档》为例：金羹匙一件。金匙一件。金叉子一件。金镶牙箸一双。银西洋热水锅二口。有盖银热锅二十三口。有盖小银热锅六口。无盖银热锅十口。银锅一口。银锅盖一个。银饭罐四件。有盖银桃子六件。银镟子四件。有盖银暖碗二十四件。银盖碗六件。银钟盖五件。银錾花碗盖二件。银匙二件。银羹匙十三件。半边黑漆葫芦一个，内盛银碗六件。银桶一件，内盛金镶牙箸二双，银匙二件，乌木筷十双，高丽布三块，白纺丝一块。黑漆葫芦一个，内盛皮七寸碗二件，皮五寸碗二件。银镶里皮茶碗十件。银镶里五寸五分皮碗一件。银镶里罄口三寸六分皮碗九件。银镶里三寸皮碗二十二件。银镶里皮碟十件。银镶里皮套杯六件。皮三寸五分碟十件。汉玉镶嵌紫檀银羹匙、商丝银匙、商丝银叉子、商丝银筷各二件（或二双）。银镶里葫芦碗四十八件。银镶红彩漆碗十六件。以上各件，为乾隆帝一日餐具之用，而且也只是其中的一部分。皇家美器云集，由此可见一斑。

这里再介绍一件康熙帝的宝物九龙玉杯。这个杯子太神奇了，冬暖夏凉，而且倒满酒之后，上面雕刻的九条龙会动起来。所以在康熙帝生前，此杯就被江洋大盗给盯上了，还发生了杨香武三盗九龙杯的故事。康熙帝死后，九龙玉杯葬进陵寝，景陵立刻被盗匪盯上了，也是因为这个九龙玉杯。

尽管清宫聚集了数不清的精美食器，但是，清朝皇帝大都提倡简朴，不尚奢华。比如，顺治帝虽然从小生活在皇宫，却讨厌太过浪费之人。

他的第一位中宫皇后因为太过浪费，吃饭的时候不是金银器就会发脾气，把食器给摔掉，就被顺治帝以此为理由而废掉。再如乾隆帝孝贤纯皇后，虽然出身名门大户，进宫之后却能带头节俭，她一般不会使用太过华丽的食器，头饰也不用金银，荷包也不用金银线，简朴无比，因而获得乾隆帝的敬重。

馋嘴的慈禧

清末慈禧太后用膳排场非常大。不仅在御膳上有丰足供应，自己还设立私厨，称西膳房，有荤菜局、素菜局、饭局、点心局、饽饽局，每餐耗资甚巨。慈禧的御厨房能做的各式点心达400余种，菜品4000余种，花样翻新，应有尽有。慈禧平日锦衣玉食，闹不清喜欢吃什么，但有宫女、太监回忆，她对以下食品还是情有独钟的：

小窝头：由玉米面、小米面、栗子面、糜子面、爬豆面、红枣面（或枣肉）加红糖和成，蒸食。

饭卷子：由米饭加白面混合而成，有甜有咸。咸的加花椒盐，或五香椒盐；甜的加枣泥、豆沙、松子、核桃仁，有陈米饭卷、秈米饭卷、粳米饭卷等多种。

炸三角：芝麻酱加水和面，擀成面片；绞猪肉成碎末，加虾米、口蘑、火腿，切碎，搅拌，加进佐料，拌成馅；将馅放进面片中，做成三角形，入油锅炸成黄色，外酥里软，可口香甜。

炸糕：用油和面，做成面皮；将白糖、芝麻、山楂绞碎，加入奶油，成馅；做成圆饼，烧饼大小，入油锅炸酥。

烧麦：开口包子，其馅为猪肉加口蘑，上笼蒸20分钟即可。

菜包鸽松：用羊油、黄酱炒麻豆腐，把各种青菜炒成碎末，把两者

△ 银火锅

混合拌进饭里，再以嫩白菜心为皮将混合饭包好，连菜叶一起吃。

和尚跳墙：将 4 个熟鸡蛋的皮剥去，再在屉上放好酥造肉，将 4 枚剥皮鸡蛋嵌于其中，上屉蒸熟。由于光滑的鸡蛋一半露于外面，像秃头的和尚，慈禧便赏名为“和尚跳墙”。

饹馇：为地方美食。相传，慈禧来遵化谒陵时，清东陵守护大臣绞尽了脑汁，命厨役们做出各种山珍海味来讨好慈禧。可是，慈禧什么没吃过呀。厨役想来想去，便把一种用绿豆面做成的食品醋熘后给端了上去。慈禧尝了一口，觉得很新鲜，爽口不腻人，便又吃了一口，吃到第三口时，旁边的老太监就要叫停，因为宫中规矩，帝后不可贪食喜爱食品，以免被奸人看出，在菜中下毒。有鉴于此，侍膳的后妃们便欲叫人将此菜撤下。慈禧看了看，有些舍不得，但又不好再伸筷去吃，只好说：“搁着吧。”意思是不要撤下，先放在一边。这时，清东陵守护大臣立刻叩首道：“谢老佛爷赐名。”从此，这种食品就有了自己的名字，叫作饹馇。传说，后来饹馇进了宫廷，成为慈禧喜食的美味。

西瓜盅：将西瓜瓤挖去，仅留西瓜皮，把切好的鸡丁、火腿丁加新进鲜莲子、龙眼、胡桃、松子、杏仁，封严，在文火中炖几个小时。

清炖肥鸭：将整只鸭肉加入调味品，放进罐子里，在坩锅中用文火蒸 3 天。

响铃：把带皮猪肉切成小方块，放进猪油中煎着，这样猪皮很脆，嚼起来带响，称为响铃。

樱桃肉：把上好的猪肉切成棋子大小，加进新鲜樱桃、调味品和清水，一起装进瓷罐中用文火炖 10 个小时。

蔬菜有：豌豆、萝卜、胶菜、蘑菇、银耳、猴头、发菜、寒葱。

海味有：鱼翅、鱼唇、鱼肚、燕窝、海参。

但是，慈禧究竟喜欢吃什么，谁也不知道，因为谁都不敢说。宫里有两个不成文的规矩：一是不许谈论太后爱吃什么，否则，就有掉脑袋的危险。另外，太后自己也不会说喜欢吃什么，不喜欢吃什么，所以，慈禧今天吃过的菜，明天就不会上了，这就叫天威难测。二是侍膳不劝膳，就是侍奉太后吃饭的时候，要眼疾手快，看着太后的眼色行事，她看哪道菜，就把哪道菜挪过来，不许问，也不许劝。说“老佛爷，这个菜新鲜，尝尝吧”，那等于找死呢。所以，侍奉慈禧 40 多年的贴身宫女荣儿一直也不知道慈禧喜欢吃什么。

慈禧每次正餐都备有 100 多个菜，而她吃的也不过三四个菜。吃之前，由尝膳人（如李莲英等）先用银筷子吃过，确认安全后，她才动口吃菜。吃完后，剩下的菜品要打好包装，遵懿旨赏人。有人估计，慈禧伙食费每餐至少要 200 两银子。真可谓：慈禧一餐之费，百姓万家之炊。

“不忘本”的民族服饰

关于清宫服饰，满洲的皇帝们看得非常重。重到什么程度呢？重到服饰与是否忘本相关的程度。他们认为，一旦穿上了汉族服饰，那就是忘本了，那就要亡国了。虽然他们的认识多少有些偏激，但也可以看出他们对服饰的重视。

皇太极一语定乾坤

清朝的清初衣袍式样有几大特点：无领、箭袖、束腰。箭袖，是窄袖口。上加一块半圆形袖头，形似马蹄，又称“马蹄袖”。马蹄袖平日卷起，出猎作战时则放下，覆盖手背，冬季可御寒。四开衩，即袍下摆前后左右，开衩至膝。左衽和束腰，紧身保暖，腰带一束，行猎时，可将干粮、用具装进前襟。

这种服装式样，是清太宗皇太极坚持下来的。崇德元年，皇太极称帝，像汉族的皇帝那样，有模有样地坐在宝座之上，南面称帝。这个时候，有的大臣说话了：“我们也应该像汉人那样，把我们的服装样式改一改，换成宽袍大袖。”那么，学习汉人称帝，而取用年号的皇太极（这都是和汉人学习的），会采纳这个建议吗？

皇太极这个马背上崛起的帝王，一代枭雄，看上去只会驰骋疆场的勇士，这个时候并没有盲从，而是进行了细致思考。同年十一月，皇太极的思想已经成熟了，他认为是时候说话了。于是，他召集满朝文武，集中学习。

皇太极先问大家，知道之前的金朝是怎么灭亡的吗？就是灭亡在他们的忘本。世宗即位，奋图法祖，勤求治理，唯恐子孙仍效汉俗，预为禁约，屡以无忘祖宗为训，衣服、语言悉尊旧制，时时练习骑射，以备武功。可是，后世之君，渐至懈废，忘其骑射，至于哀宗，社稷倾危，国遂灭亡。祖宗的一切根本尤其是服饰都忘记了，最终导致国破家亡。皇太极带领大家学习到这里，观点已经很明确了。于是，他从历史回到现实。

皇太极说：“最近，好多大臣给我建议，要我们仿效汉人，宽衣大

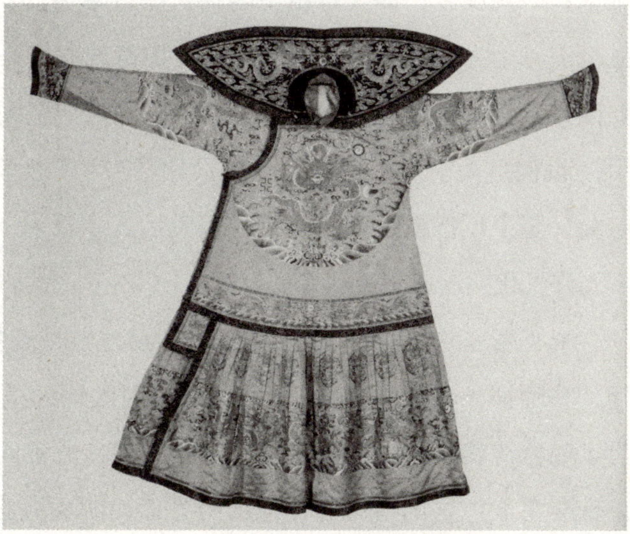

▷ 清帝马蹄袖龙袍

袖。大家想一想，如果真的那样，我们在这里聚集开会，忽遇硕翁科罗巴图鲁劳萨挺身突入，袭击我们，我等能御之乎？”皇太极说得很生动，大家都听明白了，就是服饰要继续保持自己的民族特色，永不更改。

那么，皇太极的这个见解对不对呢？我认为不全对，他认为汉族人是宽衣大袖，没法打仗。可是，汉族军人在前线的时候，也不是宽衣大袖，他把戎装和时装混为一谈了。尤其是他说，如果换成汉人的宽衣大袖，无异于一个不用右手，而使用左手的左撇子一样，有些观点偏激了。但是，不管怎么样，他保持了满民族的马蹄袖，就保持住了民族特点，没有丧失自我和根本。那么，那些后代皇帝会牢记他的教诲而保持本民族特色吗？

康熙帝坚决不允许汉化。我们都知道，康熙帝是一个极力尊崇汉文化的帝王，当年，孝庄不允许他学习汉语，他都是偷偷和小太监学习，他自己也经常把这样一句话挂在嘴边“视满汉如一体，遇文武无轻重”。看起来，这个康熙帝有汉化的危险。真相究竟如何呢？我们看看他如何解释自己努力学习汉文化的：“文臣中愿朕习汉俗者颇多，汉俗有何难学？一入汉习，即大背祖父明训，朕誓不为此！”康熙帝的意思很明显，学习是为了驾驭，不了解汉人又如何驾驭汉人？但是，学习并不是要废弃自身特色，包括服饰。所以，他对包括皇太子在内的各位皇子指示：“设使皇太子入于汉习，皇太子不能尽为子之孝，朕亦不能尽为父之慈矣！至于见侍诸子内，或有一人日后入于汉习，朕定不宽宥！”绝对不允许汉化，这就是康熙帝的态度。

雍正帝坚决不允许汉化。雍正纪元，当时流传着这样的话：“孔雀翎，马蹄袖，衣冠中禽兽。”这是对满洲服饰的极大讽刺，是反清人士为了颠覆清朝统治的政治谣言。一时之间，流言四起。那么，强势的雍正帝会采取怎样的措施呢？他从两方面说明衣冠必须坚持民族特色：一方面是从失败的教训说明，他发文这样说道：“如元代混一之初，衣冠未改，仍其蒙古旧服，而政治清明，天下又安。其后改用中国衣冠，政治不修，遂致祸败。”他认为元代灭亡，就是改用了汉族服饰，当然这恐怕不符合历史的真实。不过雍正帝是很聪明的，另一方面，他是从天意的角度，来阐释满洲服饰不能改：“夫衣冠既为天心降鉴之所在，则奕世相传，岂容擅为改易乎！”雍正帝的这招很灵，在那个时代很有说服力。

乾隆帝表里不一。我们翻阅史料，会发现乾隆帝有独特的汉文化情结。比如，他最喜欢写诗，到处题字，他一生中传世的诗作最多，有四万多首。不仅如此，乾隆帝还喜欢穿汉装，我们看到好几幅乾隆帝的汉装画像，名为“乾隆行乐图”。这样看来，乾隆帝带头穿汉装，满洲是不是要汉化了呢？乾隆十九年十一月的一件事，表明了乾隆帝的态度。福建生员李冠春向巡抚投递条陈《济时十策》，其中有“请改明季衣冠”一条。乾隆帝什么态度呢？他大发雷霆：“第六条妄议衣冠制度，尤为狂悖。当即拘拏研讯，照例定拟斩决。”什么大事，就值得杀人吗？之后，乾隆帝反复强调自己的观点，无非是皇太极当年的旧话重提而已。所以，大家看，乾隆帝是一个表里不一之人，可不要看他乐呵呵穿着汉装，就以为他要汉化了，那只是虚假的表象而已。

所以，清朝独具特色的服饰，是皇太极当年一语定乾坤，经过康、雍、乾历朝皇帝的坚持，得以最终保存下来。

女人的“高跟鞋”

清代满洲妇女所穿之鞋与汉族不同。我国汉族妇女从唐代开始崇尚小脚，到五代出现摧残妇女的缠足陋习，到宋代缠足风气盛行。明代宫女不缠足，只要一选入宫，就要解去裹足布，以便在宫内行走服役。清

△ 花盆底鞋

代汉族妇女仍从旧习缠足。

清代满洲妇女不同于汉女，她们最喜爱穿高跟鞋。关于满洲妇女的高跟鞋，有几种说法：

一是工作需要。满洲女子和男子一样，经常上山劳作，像采蘑菇、捡树枝等。长白山气候潮湿，会有露水打湿女子的裤脚。为此，女子们便穿上了高高的木底鞋。

二是防止蚊虫叮咬。女孩子细皮嫩肉，担心被树丛和草丛中的蚊虫叮咬，她们便有意识地弄高鞋底，这样，高底女鞋便应运而生了。

三是为了渡过水塘。这源于一个古老的传说，相传多罗甘珠的父王被人害死，他们的城池阿克敦城也被敌人夺走。多罗甘珠为了替父王报仇，便带领着众人前往阿克敦城。可是，阿克敦城周围已经开凿了护城河，里面有很深的水塘。怎么办呢？多罗甘珠思索了一阵，想出了办法，每个人在两条腿上各绑上一根木棍，像高跷一样，顺利渡过了护城河，杀死了敌人，夺回了阿克敦城。受这个木腿的启示，满洲女子便发明了高底女鞋。

四是为了遮丑。我们知道满洲女子从来不裹脚，都是大脚。可是，入关以后，满洲女子看到汉人女子都裹脚，讲究三寸金莲，认为脚大是很丑的事情。到清代中晚期，有些满洲女子甚至学汉女裹小脚，朝廷多次警告，都无济于事。在这种情况下，一些满洲女子为了遮住脚大的缺点，便穿上高底鞋，将大脚用裤脚遮住，别人也就不知道其脚有多大了。

我觉得这些说法都有偏见，比如，为了工作需要，即满洲女子在入关前，受长白山潮湿气候的影响，怕露水打湿了裤脚，便穿上了高底鞋。其实，这是一种误解，穿高底鞋的妇女一般为满洲贵族女眷，或是一般妇女在闲居时才穿用，因为，下地劳作的妇女是无法穿用这种高底鞋的。既不下地劳作，何来露水打湿裤脚？而且，满洲妇女的旗袍一般都很长，盖过鞋面，甚至鞋底。

高底鞋又称为“旗鞋”“马蹄底鞋”。旗鞋又分为“花盆底鞋”“元宝底鞋”两种。花盆底鞋的鞋跟较高，一般为 3 寸以上，就其形状而言，是两头宽大，中间窄小，极具曲线美。鞋底的胎为木质，这是满洲原来“削木为履”习俗的反映。木胎的外面，一般用细白布包裹起来，并在不着地的鞋面用刺绣或穿珠加以装饰。这种鞋由于跟较高，又是中间细，一般为青年女子所喜爱。但是，在清宫中，那些养尊处优又上了年纪的后妃们也常穿用。慈禧晚年就穿用花盆底鞋，鞋上满缀莹润的珍珠。

另一种鞋为元宝底，是就鞋底的形状而言的。这种鞋底也是木质，外罩白细布。这种鞋一般不作太多装饰，但也不可一点都不装饰，因为鞋面或鞋底四周如果全是素而无花，则被视为凶鞋，不能穿出去。同时，装饰多少，质料好坏，也是贫富的象征。这种鞋以沉稳而受到中老年妇女的喜爱。

实际上，清宫中的女子们，平时不会总穿高底鞋，不管是花盆底还是元宝底，穿上去都不如布底鞋舒服。所以，她们更多的时候，尤其是非正式场合，还是会穿普通布底鞋；只有在公开场合或需要穿用的时候，才会穿上高底鞋。

虚实之间

清代满洲青年男女的服饰之中，有一个非常独特的现象，即在腰间悬挂一些饰物。其中最明显的东西就是荷包和刀。实际上，荷包和刀是一对矛盾，荷包代表柔情似水，为虚；刀则代表刚猛，为实。男人为何要选择这虚实之间的饰物佩戴于身呢？

先说荷包。荷包又名香袋、花囊，也叫香囊。它其实是古代汉族劳动妇女创造的一种民间刺绣工艺品，可是，这个传统的工艺品却在满洲青年男女中非常受宠。我们发现很多这样的实物传世。按说，荷包和香囊在功用上还是有区别的。荷包功用广泛一些，最起码可以用来装烟叶，男子会把烟叶和纸票一并放进荷包之中，取用非常便利。香囊，顾名思义是用来装香料、闻香味的袋子，当然，也有说这个香味具有驱逐瘟疫和醒脑提神的功用。香囊的填充物主要有苍术、山柰、白芷、菖蒲、藿

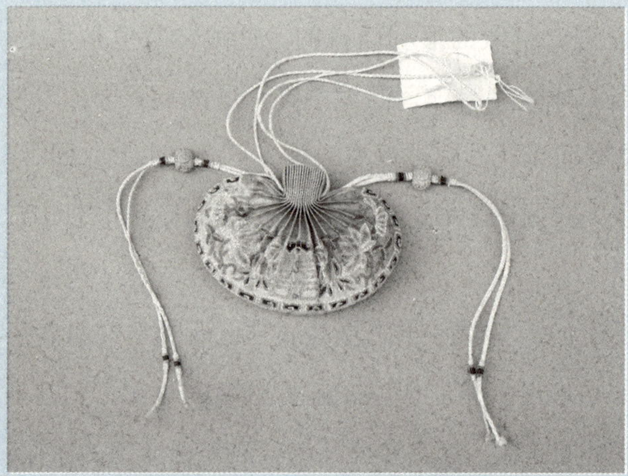

◁ 荷包

香、佩兰、川芎、香附、薄荷、香橼、辛夷、艾叶，另加冰片，还可以适当加入苏合香、益智仁、高良姜、陈皮、零陵香等药材。荷包也好，香囊也罢，都被赋予了浓厚的风情含义。尤其是香囊，在青年男女中颇有一番韵味。这里我讲两个故事：

一个是唐玄宗的故事。公元755年，安史之乱爆发。次年七月十五日，唐玄宗逃至马嵬驿，随行将士处死宰相杨国忠，并强迫唐玄宗的爱妃杨玉环（就是杨贵妃）自尽，让她承担酿成国家战乱的责任。杨贵妃死后，尸体被匆忙就地埋葬。唐玄宗思念杨贵妃，派人悄悄将她的遗体移葬，办事宦官发现杨贵妃的遗体只剩下白骨一架，唯有临死时佩戴在胸前的香囊还完好如初，便把香囊取下复命。唐玄宗见到香囊，睹物思人。他把香囊装入衣袖，贵妃的气味似乎随着香囊扑面而来，霎时老泪纵横。

另一个是多尔衮的故事。相传，多尔衮在不得不拥立年仅6岁的福临即位之后，心有不甘，时时想着要找机会，废掉小皇帝自立。顺治帝的母后孝庄知道后非常着急。怎么办呢？她想前去找多尔衮斡旋，又怕效果不好，反而自取其辱。焦急之中，还是苏麻喇姑给她出了个主意。苏麻喇姑从腰间取下了精致的香囊，递给主子道："不妨把这个给他，一探究竟。"孝庄立即明白了一切。这个好色的多尔衮刚刚丧妻，孤枕难耐，接到孝庄送来的香囊，香味扑鼻而来，囊如其人，爱不释手，便开

△ 遏必隆刀

始想入非非，果然无暇顾及废帝自立之事，之后还传出了“太后下嫁”的故事。

实际上，清代不仅青年人腰间佩带荷包，老年人和小孩子也佩带，不过各有含义而已：老年人为了防病健身，健康长寿，也有为了乞求家庭和睦而佩带；小孩子则是为了有趣、为了吉祥、为了健康成长而采用各有寓意的图案，总之，各取所需。

接下来，说刀。满洲男子的腰间配饰刀，具有浓厚的民族风情。但是，衣冠乃一代制度，他们也不会无缘无故佩带把刀，一定是有特殊含义的。据考证，大致有两个含义：一是餐具，就好比吃西餐一样，满洲人出行在外，吃烤肉的时候，要用小刀；二是防身，体现尚武精神。还是讲两个故事。

康熙初年，鳌拜专权，朝野内外，党羽遍布，小康熙帝只是傀儡而已。不过，鳌拜也深知自己树敌太多，尤其是皇帝都防着自己，所以，警惕性很高，他刀不离手，以防不测。有一次，鳌拜称病不朝，康熙帝不得不前往探视。可是，当康熙帝来到鳌拜卧室的时候出事了。鳌拜卧病的床的席子下面藏着一把利刃。这本不算什么，关键是皇帝在这里。寒光闪闪，就犯了威胁皇帝安全的大忌，皇帝可以以此为由，逮捕鳌拜，处死他。可是，康熙帝知道时机还不成熟，他灵机一动道：“大家看，鳌拜继承了我们满洲尚武的精神，刀不离手，你们都要向鳌拜学习。”康熙帝这么一说，利用传统习俗，巧妙化解了一场政治危机。

乾隆八年，乾隆帝率领王公百官浩浩荡荡向盛京出发，去拜谒祖陵。十月初一，乾隆帝在盛京大政殿赐宴。大家都很高兴，感恩皇帝的赏赐。可是，乾隆帝突然发现了什么，大发雷霆之怒：“我发现一个非常不好的现象，有的王公忘本了。”大家一时不知所措，乾隆帝指着怡亲王弘晓道：“你身为爱新觉罗子孙，堂堂怡亲王，怎么连规矩都不懂呢？”弘晓自知理亏，忙跪下请罪。原来，弘晓的腰间没有佩带小刀，吃肉的时候请别人来帮忙，被乾隆帝看得清清楚楚。这就犯了大忌，等于忘了本，难怪他二话没说就跪下请罪。

所以，大家看，满洲青年的腰间佩饰，无论荷包还是刀，都体现了一种民族特色。有虚有实，虚实之间体现了一种柔情与侠肝义胆。这样的民族服饰，正是他们所需要的一种民族精神。

第 三 章

深宫乐事儿

03

深宫之中会有乐事儿吗？看过《甄嬛传》的人觉得很难，到处是宫斗，除了权势和奢华之外，就是血腥的争斗，哪还有乐事儿呢？正因如此，皇帝才会想方设法缓解这种血腥和争斗，尽量布置、策划、安排一些愉快的活动，调动大家快乐的神经，比如，走出紫禁城，到行宫去；比如，一次次出巡，到风景名胜去；又如，请进戏班子，组织大家看大戏；等等，这都是皇帝在想方设法给压抑的后宫找乐儿。

胭脂事儿

胭脂事儿是女人事儿。严格来讲，深宫之中只有一个男人，那就是帝王。女人最爱的是化妆，胭脂便成了她们须臾不能离开的化妆品。数以千计的女人们生活在一个环境中，到处充满了胭脂的气息和味道。

梳头表情包

深宫中的女人会把大部分时间花在梳妆台前，因为在那里能够找到自我，能够消磨掉难熬的时光。梳妆台前是快乐的，也是伤感的，所以，在这个充满矛盾的梳妆台前，后妃们总是忍不住要叹口气，叹自己的人生和无奈。宫里有专门的梳头太监，他们侍候着这些女主们，除了梳好头发外，还趁机加深与后妃们的感情，讲些宫外时新的话题，或是后妃感兴趣的话题。那些帝后妃在梳头的时候，由于心情不同，表情各异。我们看看都是怎样的表情。

“甄嬛”梳头好快乐。乾隆帝生母“甄嬛”的人生是快乐的，她是宫中著名的“有福之人”，因而，她在梳头的时候，是非常快乐的。与宫女聊天，谈论流行的发式，边梳头，边听梳头太监带来的新闻，兴致勃勃，笑容总是挂在眉宇间。总之是一种享受。梳下的头发，要加以保留，因为她们认为父精母血给予之物不可轻易扔弃。慈禧入葬时，就把她生前梳落的万缕青丝随葬地宫之中；而乾隆帝的生母孝圣宪皇太后去世后，乾隆帝为其铸造了黄金塔，用来存储梳落的头发，后人称为金发塔。乾隆帝为其母制作的金发塔，靡费颇巨。当初，拟造高2尺1寸6分，但由于其中需供的无量寿佛法身大，原高度容纳不下，于是，再行加高到4尺6寸，用金数量颇为巨大。宫廷里的承办人员想方设法，把一份金册、一颗金印、寿康宫茶膳房金器及所存盆、匙、箸等金器等尽行搜罗，共得黄金2300余两，仍不敷使用。于是，福隆安想出用白银添铸的办法，得到乾隆帝允诺，将700余两白银熔入其中，共有3000余两。承办大臣由福隆安与和珅共同负责，职能部门有工部、户部和内务府，具体

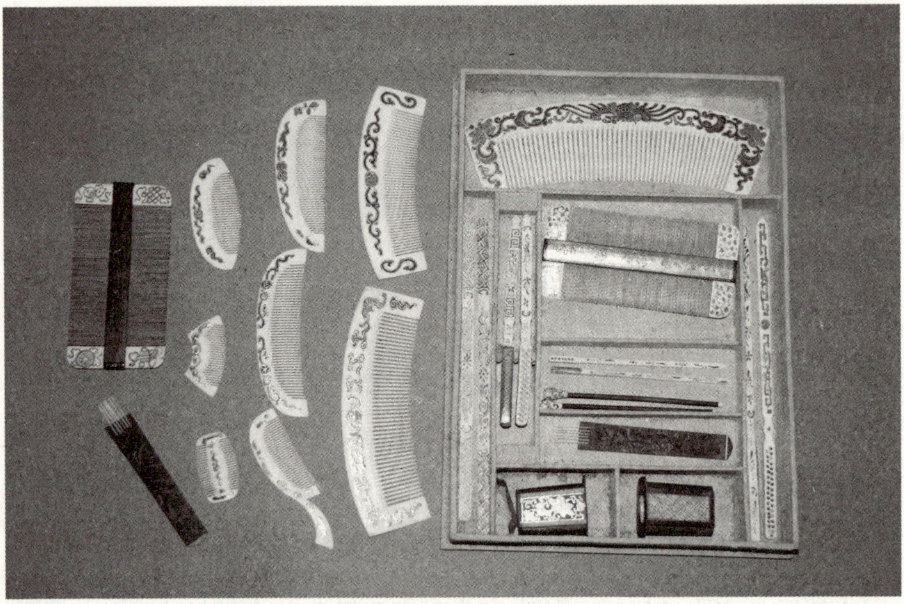

△ 象牙梳具

操作施工由内务府造办处负责办理，互相监督，以防怠惰和克扣。经过三个多月的紧张劳动，金发塔终于完工。金塔由下盘、塔斗、塔肚、塔脖、塔伞、日、月和松石璎珞等部分组成。纹样端庄，构图完美。其中金塔内的盛发金匣是关键，乾隆帝从样式到刻画纹样都一一过目。

慈禧梳头好派头。这里需要更正一下，好多人认为，慈禧的头发是李莲英给梳的，其实不是，慈禧从来不用李莲英梳头。给慈禧梳头的是一个叫刘德盛的老太监。这个老太监性格柔和，斯斯文文，是慈禧面前的大红人。每天清晨，刘太监头顶着梳具，来到储秀宫外面，高声喊道："老佛爷吉祥，奴才给您请安啦。"宫女传话："进来吧，刘德盛。"这个时候，慈禧早在宫女们侍奉下起床，坐在梳妆台前等候。刘太监开始梳头，宫女们在一旁侍奉递工具。这个时候，慈禧开始问话了："你在外面听到什么新鲜事没有，说来听听。"刘太监早就准备好了故事，都是一些龙凤呈祥，风调雨顺的吉祥事，慈禧听得眉开眼笑。这个时候，便有一个太监端上一碗冰糖银耳，慈禧边吃边听刘太监讲故事，开心极了。梳完头，刘太监要起身离去了，慈禧说："下去让她们给你沏杯茶吧。"刘太监赶忙说："奴才不敢受，奴才不敢受。"看得出，慈禧在梳头的时候，看似轻松，实际上还在关心着时局的变化，可是，一个奴才怎么可能说实话呢？不过是用讨好的方式，取悦于慈禧而已。不管怎样，慈禧在梳头的时候，眉宇间是机警而霸气的。

光绪帝剃头好寂寞。给光绪帝剃头的也是一个刘太监。光绪帝一个月剃头三次：初一、十一、二十一，是固定的三天。每次剃头时间也是固定的，必须在上午十点，整点开始，取蒸蒸日上的含义。不过，给光绪帝剃头很麻烦，刘太监不能穿着自己的衣服，必须全部换上公家给准备好的青衣小帽，主要怕皇帝不安全。而且，所有的剃头工具不用自带，均由光绪帝赏赐，也是为了安全起见。这个时候，大殿内外侍卫林立，目光炯炯地盯着刘太监的手和他手上的刀子。给光绪帝剃头，不但不快乐，还要约法三章：

第一，必须用右手剃头。左手不能用，而且左手不能挨着皇帝的头，也就是不许随意摆弄皇帝脑袋。这就要有功夫，不然，单手工作怎么能做到呢？

第二，必须顺着头发剃头。无论光绪帝的头发，还是他的脸，刘太监剃的时候，都必须顺着刮，不能逆向刮。

第三，必须屏住呼吸。不许对着皇帝的头和脸，免得气息吹到皇帝。

刘太监干完这一切，需要半个小时。虽然很短的时间，但是也已经累坏了。不过，剃完头，刘太监还不能走，他还要请示皇帝："万岁爷，您需要按摩吗？"光绪帝一般连眼都不睁，只是摇摇头，表示不用。这说明光绪帝在梳头的时候一言不发，情绪低沉，眉宇间从来都没有舒展过，是相当不快乐。

东西六宫中，每宫必有一处梳妆台。身份高的后妃会有十分高档的梳妆台，梳妆台可以折叠，配有各种小抽屉，可以装进脂粉或梳具等物。梳妆台的质地有紫檀和红木，有嵌螺钿的，异常华美。梳具，有各种质地，如黄杨和象牙等。梳具按盒装，盒中按梳具形状设置出各种凹槽，有梳门发、鬓发、边发等具，也有刷子和篦子，齿疏密不等，用途各异，每盒梳具共计有十来件。

后妃梳头时，为保持发质柔软而光亮，会使用头油来护发。如康熙帝历次南巡时，各地大臣的贡单中就有"香头油""梳妆香油"等进奉。

流连在梳妆台前，有得意，有失意。失意的后妃会不时地叹气，哀怨时光不饶人，年老而色衰，皇帝还会不会再来呢？但她们很多人并不会因为皇帝喜新厌旧而离开梳妆台。相反，一旦她们认识到自己已经老了，就会更加刻意地妆饰自己，因为漫漫的人生余路不会因为皇帝失宠而断绝，还得走下去，直到人生尽头。

慈禧美容

后妃们常在镜子面前流连，看看自己和往常有什么不同，是否有皱纹不经意地爬了上来。如果有一天发现老了，会不住地叹气。因而，平时，她们就注意保养容颜。遍查史料，可以发现晚清慈禧太后美容的种种方剂和做法。慈禧皮肤历来不白，肤质不细，为了嫩面、润肤，达到增白、防皱功效，采用了以下办法：

首先是保持面部美丽。

搽脸。有四种配方：①宫粉：由米粉、益母草粉、珍珠粉加香料配制而成。慈禧入睡前，在脸上、脖子、前胸、手臂上大量施用宫粉。②沤子方：由8味中药研成粗渣，与3斤烧酒同煮，去渣留汁，兑上白糖、白蜂蜜、冰片粉、朱砂面搅匀。涂于脸部，有嫩面、滋养、润肤的功效。③藿香散：由藿香叶、香白芷、零陵香、檀香、丁香、糯米、广明胶7味组成。可以通经络，除面黑，增加皮肤弹性，润肤香肌。④栗荴散：将栗子的内皮晾干，研细面成散剂。使用时，用蜜调和涂于脸上。能去雀斑，减少皱纹，光洁面部。宫粉、沤子方、藿香散这三种是慈禧经常用来美容的办法。

脸部按摩。慈禧还喜欢脸部按摩，按摩时用一种叫作“玉容散”的配方，有利于皮肤细白：由白芷、白牵牛、白丁香（麻雀粪）、鹰条白（鹰粪）等16味中药组成，可去除面部黑斑、粉刺、斑纹。用时，将散剂用水调和，搽面部，再用太平车在面部反复滚动。太平车其实是后妃脸部用的按摩器，清宫中曾有玛瑙太平车传世。后妃通过太平车揉按脸部，不仅使皮肤不易衰老，还会缓解面部疲劳。

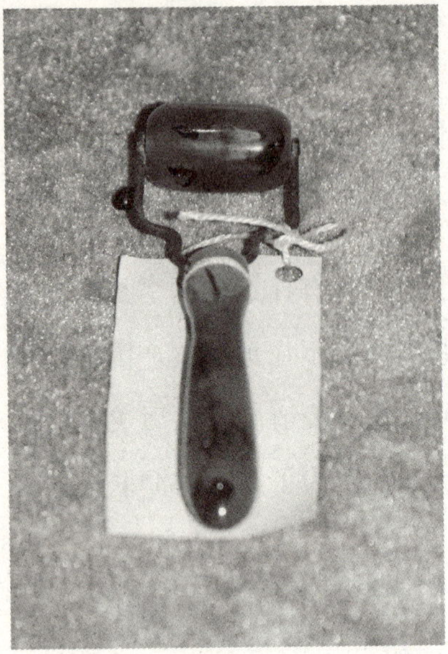

◁ 美容太平车

搽胭脂。慈禧喜欢胭脂，尤其喜欢自己炮炼胭脂。她命人在北京西郊妙峰山大量种植玫瑰，每年五月，进贡清宫的那些幼嫩的玫瑰花瓣被挑拣出来。慈禧会亲自指挥，教授提炼胭脂的办法，提炼出上等玫瑰油，再将玫瑰油加工成胭脂。慈禧使用的就是这种胭脂。

食补美容。慈禧通过口服丹丸，达到美容效果。如五芝地仙金髓丹：由 11 味中药加蜂蜜配制而成。服用百日后，可五脏充实，益气生津，肌肤润泽，延缓衰老。平安丸：由 9 味中药调配而成，即檀香、沉香、木香、白蔻仁、肉蔻仁、红蔻、神曲、麦芽、山楂。连服数日，消化有力，气血旺盛，皮肤营养充足，面色逐渐红润。

固齿。慈禧认为，容颜之美，离不开牙齿之美。①固齿方：用生大黄 1 两、熟大黄 1 两、生石膏 1 两、熟石膏 1 两、骨碎补 1 两、银杜仲 1 两、青盐 1 两、食盐 1 两、明矾 5 钱、当归 5 钱、枯矾 5 钱。每天早晨以此散剂擦牙根，用冷水漱吐。当归、杜仲养血补肾坚骨骼；石膏固齿；食盐、明矾杀虫解毒；大黄、石膏可消胃热，止火牙疼，每日擦用，齿

△ 慈禧太后

固无摇。②刷牙散：由青盐、川椒、旱莲草、枯白矾、白盐等组成，研成细粉，早晚漱口，可防止牙齿变黄。③漱口：慈禧在日常生活中，还喜欢用茶水漱口，每次饭后，她都要嚼槟榔，长期坚持，可除掉牙酸，清除口腔腐气。

美发。慈禧十分注重自己的头发，每当梳掉头发时，她都会伤感，生出白发的时候，她会格外关注。为了保护好自己的头发，慈禧使用各种办法：①香发散：由14味中药细研，加苏和油拌匀，晾干后再研成粉。梳头时将香发散喷于发中，用篦子反复梳理，可使头发蓬松、柔顺，既可养发，又可防白。②抿头方：由香白芷、荆穗、白僵蚕、薄荷、藿香叶、牙皂、零陵香、菊花8味中药，加水同煮，冷却后加冰片，可使发质软化，清神醒脑，防止脱发。③菊花散：用9味中药研成粗渣，加浆水煮沸后去渣，用药汁洗发。④长春益寿丹：由32味中药制成，每天早晨空腹，用淡盐水送服，可防止发白。

慈禧就是通过这些办法，努力使自己容颜美丽，难怪外国公使夫人认为她看上去比同龄人显得格外年轻。

美甲和洗澡

这里说的是慈禧的美甲和洗澡，先看看慈禧如何美甲。

慈禧太后的指甲有两寸多长，中外闻名。慈禧对指甲的修理要求很严，大拇指修成马蜂肚子状，片大好看，属片指甲；无名指与小拇指要修成半圆的筒子状，属筒指甲。慈禧两只手共6个手指甲需要修理，由专人负责。负责的宫女每人有一套同样的工具盒，工具有小刀、小锉、小剪、小刷子、长钩针之类。还有田螺状的油盒，里面有从法国进口的各色指甲油。

慈禧的指甲一年四季需用药水浸泡。御医们为讨好慈禧，争先恐后地为她研制出润肤软甲的中药水。泡洗过的指甲，质地更加细腻、光滑，色泽艳丽。泡后，趁着指甲柔软，宫女用小锉校正，用小刷子里外洗一遍，再用翎子管吸上各色指甲油，涂抹均匀。指甲油多为紫色和银白色，庄重典雅。晚年时，慈禧已不太爱用大红色了，庚子事变后，她自西安回銮，在仪銮殿第一次接见外国公使夫人，则涂了橘色甲油，公使夫人倒觉得太后年轻而时髦，大为叹服。

慈禧晚年时，指甲起了黄斑。起初，她认为是宫女和太医护理不善，大发脾气。后来，她逐渐了解了生理变化，便不再苛求，只是不断地将变质的指甲剪下。她有专门盛指甲的匣子，死后随葬地宫。

1900 年，八国联军攻入京师，慈禧携光绪帝逃往西安。逃之前，因为怕暴露目标，慈禧乔装打扮成乡下妇人模样，她狠心让贴身宫女将自己长长的指甲剪掉了。相传，剪指甲时，她把手伸过来，头歪向一边说："这是我几十年的心血，剪掉它吧。"说完，痛哭失声。

再看慈禧如何洗澡。

慈禧洗澡的次数分季节，夏天要每天洗一次，冬天要两三天洗一次。都是晚上洗，宫里白天没有洗澡的。

伺候慈禧洗澡的人很多，都是专职，有两个太监将澡盆、水、毛巾、爽身香水、洗澡木椅等所用之物，全部抬到浴室；有两个干粗活的宫女将油布铺好，守候在浴室门口，随时听从召唤；四个贴身宫女，专门负责给慈禧擦澡，每人各有分工。两名太监将备物运来后，就要撤出，完事后，再传他们运走。

慈禧洗澡时，是坐在椅子上。椅子很矮，有一尺来高。椅子的四条腿上分别雕有两条龙，一升一降。椅子的背可以活动，既可拿下来，又可以向左或向右转。椅子很宽，但不长，这是根据慈禧的身体特点专门设计的。

慈禧洗澡时要用两个澡盆，洗上身一个盆，洗下身又是另外一个盆。慈禧认为洗下身的工具绝对不能用来洗上身。上身是天，是清，是红运；下身是地，是浊，是黑运，地永远盖不过天去，红运永远不能被黑运压倒，清浊永远不能相混淆。

慈禧所用两个澡盆外形一模一样，像个大腰子，虽是圆形，但为了便于慈禧靠近澡盆，中间凹进一块。澡盆的构造是木胎，外包银皮。木胎利于保温，银皮可以防毒。

慈禧所用洗澡水一般就是温白水，有时也会用配方药水，沐浴方：宣木瓜 1 两、薏米 1 两、桑枝叶 1 两、茵陈 6 钱、甘菊花 1 两、青皮 1 两、净蝉衣 1 两、萸连 4 钱，将以上配料和为粗渣，盛布袋内，熬水浴之。此方既可清风散热，平肝明目，又可杀菌，对皮肤真菌有抑制作用。其中蝉衣、薏米可加强散风热、透风疹，能防治皮肤病。

慈禧洗澡时，用得最多的是毛巾，一次要用去近 100 条。毛巾由宫女用托盘端进来，叠得很整齐，25 条 1 叠，4 叠整 100 条。每条毛巾都是用黄丝线绣的金龙，但 4 叠摆放方法各不相同：有翘首的，有回头望月的，有戏珠的，有喷水的。

慈禧洗澡的时候，赤身裸体坐在矮椅子上。4 个宫女站在慈禧的左右两边，她们每人负责不同的部位，各有分工。领头宫女先取来 12 条毛巾，浸于水中，捞出 4 条，拧干，分发给 4 位宫女。4 位宫女则把毛巾平铺在手掌上，轻轻地缓慢地给慈禧擦胸、擦背、擦两腋、擦四臂。擦澡时，4 位宫女既不能面朝慈禧，怕的是呼气吹着她；又不能背过脸去，显得不恭敬，而是侧着脸憋着气工作。

擦澡的时候，每条毛巾只许蘸一回水，用完 1 条扔下 1 条，绝不许回盆浸水再用，这样，为的是澡盆内的水保持干干净净，所以，洗完上身大约用 60 条毛巾。而澡盆里的水，为了保持恒温，是随时舀出一些再加入一些。

擦完身体后就要打玫瑰香皂。不直接往身上打皂，而是打在湿毛巾上，用毛巾擦身，擦完扔掉，再取，擦完再扔掉，如此反复四五次。然后是擦净身子。擦时，用很湿的毛巾轻轻擦去身上的香皂沫。这要仔细擦，如果擦不净，身上留有余沫，慈禧睡觉时会感到发痒，就要大发脾气。

最后，是施用香水。夏天用耐冬花露，秋冬用玫瑰花露。要在乳房下、骨头缝、脊梁沟大量施用，这些地方容易积存香皂沫，也容易发痒。打完香水后，4 个宫女再各用 1 条干毛巾，把身上各部位再轻拂一遍，如此洗澡完毕。

慈禧洗完澡后穿睡衣，上身是纯白绸子做的偏衫，没领没袖，胸口绣一朵大红牡丹花。下身仍是白绸绣满大红花的睡裤。脚上穿着软鞋，白绸子里，外罩大红缎子面，绣花。

洗完澡后，慈禧有时会坐在太师椅上，脚的两边熏上香，由侍女打扇捶肩背，与手下人说着话，过着逍遥岁月。但是，更多的时候，慈禧由于政务繁忙劳顿，洗完澡就入睡了。

深宫传出笑声

我们看《甄嬛传》，宫斗不断，深感后宫险恶。谁还愿意进入深宫呢？帝王何尝不知！为此，帝王会想方设法安排娱乐活动，以缓解宫中紧张的气氛。

走出户外好快乐

后妃进入高高的宫墙后，除了寂寞还是寂寞。不仅很少得到快乐，就是身心健康也受到了影响。为了解决这个问题，清朝的皇帝想方设法，让妃嫔们既愉悦身心，又锻炼身体。具体来讲，就是安排一些体育项目，让妃嫔们参与进来。宫中的后妃由于受尚武精神的影响，也很想一试身手。但是，由于后妃身体尊贵，一般在公共场合又都穿花盆底鞋或元宝底鞋，很不适宜活动。所以，她们在宫中的体育项目中多是充当观众的角色。

一是端阳竞渡。

△ 冰嬉图

端午那天，宫中历来不朝会，但是，端午节赛龙舟可是中华民族的传统。竞渡的是龙舟，作为皇家怎么能无动于衷呢？所以，皇上带后妃到圆明园福海的蓬岛瑶台观看龙舟竞渡。皇帝也好，妃嫔也罢，当然不会亲自参与那些剧烈的活动，但是，大家隔岸观看，对竞赛者也是一种莫大的鼓舞；对后妃嫔御则是一种身心上的洗礼。这样的活动有时也在避暑山庄举行，主要是那里有水，具备举行条件。

二是冰嬉娱乐。

冬至以后，或腊八，清帝带后妃到西苑太液池去观赏冰上运动，被称为“国俗”，世行不替。这种冰嬉活动，是满洲人的传统活动。他们在关外的时候，天寒地冻，就发明了这个非常敞亮的冰上游戏。冰嬉之人在冰上起舞游戏，或做出各种阵势，或举行各种游戏，人越多越壮观。清入关后，这种游戏被带进关内，清朝宫里在冬季也会组织，乾隆帝还作御制冰床联句诗，以记其事。

三是狩猎和布库。

每年秋季，皇帝要到木兰去围猎，以不忘国本和表达尚武精神。届时，往往有后妃随往，甚至有后妃参与哨鹿的行为。如乾隆帝之容妃，就有策马递箭的画留传于世。布库是一种赤膊相扑的活动。布库，满语译音，即为角抵、掼跤、武术戏，类似今天的摔跤。康熙初年，辅政的鳌拜结党营私，把持朝政。足智多谋的康熙帝，挑选了十几名八旗子弟，入内苑陪侍康熙帝练"布库戏"。一日，康熙帝独召鳌拜入宫，宣布他的罪行后，十几名少年闻声而至，当场擒拿鳌拜。这是清宫廷史中关于布库的生动记载。清宫相扑主要有两种，一为满族式摔跤，一为蒙古族式摔跤，两种形式各有区别。这种比较猛烈的运动，后妃们不会参与，多在一旁围观。

四是水猎、踏雪。

淀园有水围，乾隆年间，每到夏季，高宗后妃在昆明湖观赏水猎，取乐嬉戏。这个活动也不是后妃们亲自参与的——那个时候，妃嫔们脱下衣服，下水猎取，是有伤风化的。不过，踏雪观景，后妃们倒是乐意参与其中。每到大雪纷飞的日子，她们纷纷走出户外，到御花园，到其他姐妹那里，很是开心解闷。

五是观烟火。

在民间，正月十五看花灯，吃元宵。可是，一过正月十五，人们就感觉春节过去了，有点儿意犹未尽，也有点儿失落。所以，乾隆以后，增加了一个春节娱乐活动，每年正月十九，在圆明园山高水长放烟火，宫中后妃随帝观赏取乐。当五彩缤纷的烟火腾空而起时，后妃们会高兴地跳起来，积郁已久的心绪得到宣泄，是宫中最快乐的事。

六是荡秋千。

在圆明园、御花园，后妃们聚在一起，玩荡秋千。伴随着春天脚步的临近，后妃们在秋千起伏的节奏中，尽享大自然的美景，又达到了娱乐健身的目的。

足不出户找乐子

在宫中，后妃们会想方设法找些有趣的事情来做，以磨炼心志，排遣寂寞。游戏取乐，是必不可少的办法。

一是琴棋书画。宫中很重视有才华的女子，聪颖而贤惠的后妃自然受宠。因而，她们平时也注意加强学习。下棋，有围棋等。慈禧有弈棋图传世：图中画一方桌，桌上摆着一盘正在进行的对局棋。慈禧端坐于桌的左方，面带微笑，手拈棋子，桌右一陪弈男子，持子侍立，有说为太监李莲英。从这幅画中，丝毫看不出慈禧是一个大权在握的女独裁。书法练字，陶冶情操。《养吉斋丛录》记，自康熙帝开始，除夕前一日，向近臣、近侍等赐“福”字，以后相传不替。至于后妃，则会仿效皇帝。有时皇帝会请些女师傅来教授她们练写“福”“寿”等字，如慈禧太后在听政之余，颇感宫闱寂寞，便找来笔砚，绘画练字。慈禧虽天资聪颖，但字画的纯熟需要真功夫练就，慈禧有些望而生畏。恰此时，有一位云南督抚的夫人缪嘉蕙，颇具丹青书法，又中年丧夫，生活无着，以卖字画为生，于是，被推荐入宫。慈禧果然十分赏识缪嘉蕙，特免其行跪拜礼，赐穿三品服色，月银200两，每日在后宫指点慈禧练字绘画。慈禧性情急躁，稍不顺心就推翻桌案，抛掉笔管。缪嘉蕙不慌不忙，命人扶好桌案，重整笔砚，凝神坐下，挥毫泼墨，一行行秀雅玲珑的字映入慈禧眼中。她转怒为喜道：“缪卿果然真功夫。”缪嘉蕙见慈禧高兴，便开始指点她作画写字。慈禧喜欢祥瑞，作画多为“海屋添寿”，有云水殿阁及仙鹤飞翔；“灵仙祝寿”，有蟠桃、灵芝、蝙蝠、水仙；“富贵长寿”，有牡丹、青松、绶带鸟。画完，由缪嘉蕙校正后，加盖“慈禧皇太后之宝”印章。慈禧像其他帝王一样，喜欢赏字于臣，于是便练写大字，主要有“福”“寿”“龙”“凤”“美意”等。由于慈禧年事已高，练大字颇感吃力，但她十分自信，坚持不懈，终于有所长进，不久，便有许多加盖慈禧印章的大字赏人。这些大字线条流畅，遒劲有力，颇见功底。一些臣子颇以得此字为荣幸之至，争相乞赐。慈禧觉得力不从心，干脆由缪嘉蕙代笔书写，照样加盖印章赏人。清宫也有其他妃嫔习作书画的记录，如号称“懒梦山人”的同治帝瑜妃，精通文墨，擅作诗文；而同治帝皇后阿鲁特氏，不仅知书达礼，书法还特别好，尤其擅长左手写大字；光绪帝瑾妃，也有山石扇画留传于世，其画线条细腻，颇有古风。

二是九九消寒。这是一种流传很广的宫中娱乐活动。冬至开始，漫长难熬的冬天来临了。于是，宫妃们采用九九消寒之法来打发冬日。即选出九个字，或“雁南飞哉，柳芽待春来”，或“亭前垂柳，珍重待春风”或“春前庭柏，风送香盈室”，各句中每字均为9笔（繁体字）。头九第一天写一笔，每日一笔，写完第一个字，头九过去了，写完9个字，81天之后，冬去春来。这些有的是皇帝御制，如“亭前垂柳，珍重待春风”为道光帝御制，也有说为乾隆帝御制。并有许多诗传世，如《九九消寒诗》《寒梅吐玉诗》《管城春满消寒诗》。

九九消寒诗

头九初寒才是冬，三皇治世万物生，尧汤舜禹传桀世，武王伐纣列国分。
二九朔风冷难挡，临潼斗宝多逞强，王翦一怒平六国，一统天下秦始皇。
三九纷纷降雪霜，斩蛇起义汉刘邦，霸王力举千斤鼎，弃职归山张子房。
四九滴水冻成冰，青梅煮酒论英雄，孙权独占江南地，鼎足三分属晋公。
五九迎春地气通，红拂私奔出深宫，英雄奇遇张忠俭，李渊出现太原城。
六九春分天渐长，咬金聚会在瓦岗，懋公又把江山定，秦琼敬德保唐皇。
七九南来雁北飞，探母回令是延晖，黄夜母子得相会，相会不该转回归。
八九河开绿水流，洪武永乐南北游，伯温辞朝归山去，崇祯无福天下丢。

九九八十一日完，闯王造反到顺天，三桂令兵下南去，我国大清坐金銮。

三是玩偶。玩偶，在民间会为成年人所不屑，在宫中却不然。起初，这些木偶玩具是小皇帝或小皇子、小公主们的玩具，后来宫妃们无聊时也会一起玩耍。玩偶的种类很多，有戏剧形象，也有小动物模型，有会动的，有会发出各种声响的，也有智力测试的，制作十分精巧，妙趣横生。

四是养宠物。清宫的御花园设有鹿苑，放养着仙鹤；内务府有养牲处、养狗处、养鹰鹞处等，东华门内东三所，是宫内养狗处。这些牲畜在宫里待遇很高，有吃、有穿，还有养牲账簿记录着日拨口粮。雍正帝有“狗癖”，曾亲自设计狗窝、狗衣等，计划周详。慈禧太后留传于世的

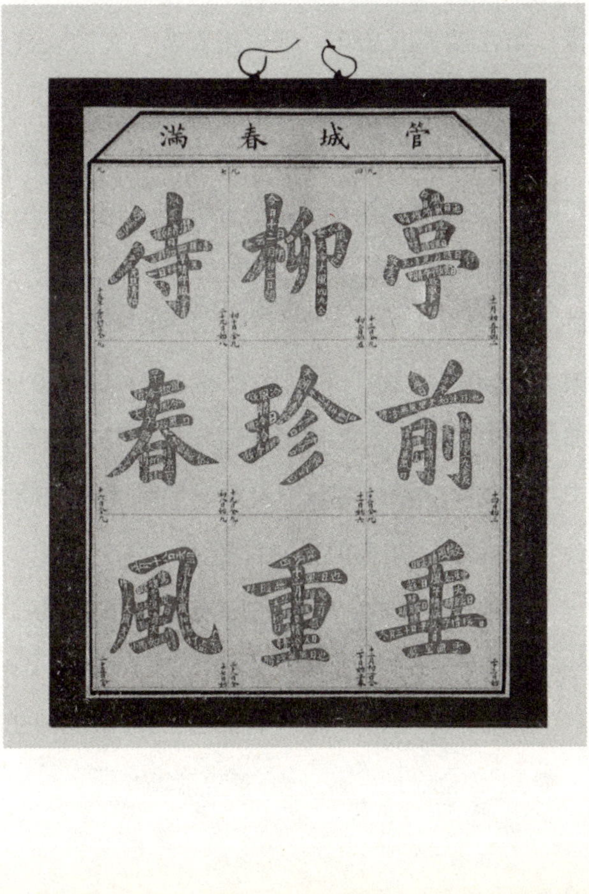

▷ 九九消寒图

照片中，就有与爱犬的合影，而且，竟有大臣祈斌为其爱犬画像，敬献给慈禧。慈禧的爱犬也有狗衣流传下来，为绿缎做成，做工精细，令人咋舌。

五是画像。为了排遣时日，皇帝会请来技法高超的画师，为后妃们画像。如意大利人郎世宁、美国人卡尔等。历代后妃都有传世的画像。其中有朝服像、常服像、汉装像和戎装像，五花八门，虽不见得十分真实，却也可从中看出清宫后妃们的容貌大概。后妃们坐在那里，等着画师们一点一点画，如果是脾气好的，会一直等下去，但慈禧却不然。当卡尔为其画像时，她嫌画得太慢，走开了。卡尔只好先画好衣服，再请出太后来补画面部。

六是向佛、扮佛。清廷崇信佛教，宫中的佛堂、佛具很多。而后妃们也通过向佛念经，在余烟袅袅中排遣时光。清宫主子们有的还扮成佛像，如乾隆帝扮文殊、慈禧扮观音。有的人甚至称自己为老佛爷，如康熙帝、慈禧。

七是斗牌。中国是纸牌的发源地，玩纸牌兴于唐朝，距今已有千余年的历史了。清宫造办处中有纸牌木模子，用来印制纸牌，供后妃们娱乐。纸牌的形制有两种，一种为“幺万”——“九万”“幺饼”——“九饼”“幺条”——“九条”等，每种图形4张，共120张；另一种为《三国》《水浒》人物，30个人物各4张，共120张。其玩法和打麻将相似。那些宫中太后、太妃及当朝后妃们为打发难熬的无聊时光，会在自己宫中与太监宫女们斗牌玩。此外，宫中不允许赌博（但太妃们除外，她们会斗牌赌博），虽有时也玩掷骰子，但不玩钱的，输赢看赏钱。

八是学习刺绣。宫中的衣食穿用虽不用后妃们亲自动手操作，但那些心灵手巧的后妃还是会受皇帝的青睐，这是中国传统观念对女子的要求。因而，那些宫中的后妃，也会在闲下来的时候学习针织女红，并展开竞赛，以达到排遣寂寞的目的。

游“戏”人生

清宫的后妃基本上都是戏迷，因为唱戏、听戏是当时人们最愉快的乐事。每逢节庆，如皇帝登基、万寿节、后妃千秋节、阿哥公主生日、后妃生育、立春、上元、端午、七夕、中秋、重阳、冬至等，都要上演戏目。戏目无非是帝王将相、神仙鬼怪的故事，有《万寿长生》《福寿双喜》《四海升平》等。戏种有昆腔、弋阳腔等。

一般唱戏时间在早 6 点至 7 点开戏，下午 2 点至 4 点散戏。地点有很多，但以宁寿宫阅是楼院内的畅音阁大戏台最有名。

关于宫中唱戏娱乐，有许多故事。

一是咸丰帝是个戏痴，曾亲自上演一部思春戏《小妹子》。

咸丰帝的荒唐和庸俗，在他所点的戏目上颇有反映。

咸丰六年正月，档案上记载着咸丰帝与升平署太监的一段对白。

问：有会唱《小妹子》的吗？

答：没有。

问：原先谁唱过？

答：吉祥、李福唱过，已故了。

咸丰帝非常失望，他多么希望马上看到这出戏。他给升平署下旨：迅速学出《小妹子》来，钦此。

这出戏是什么内容，对咸丰帝有这么大的吸引力，竟达到着魔的程度？

《小妹子》又名《思春》，原为昆腔戏，曾被收入清刻印的剧本《缀白裘》里。它是一部典型的思春戏，其中心情节是，被情夫抛弃的妇人，哀怜地发出对负心郎的怨恨。

其中的部分唱词是：当初呀，我和你未曾得手的时节，恁说道如渴思浆，如热思凉，如寒思衣，如饥思食。你便在我的跟前，说姐姐又长，姐姐又短，又把那甜言蜜语来哄我。到如今，才知道你得手的时节，便远举高飞……负心的贼！可记得，我和你在月下星前烧肉香疤的时节？我问你那冤家呀，改肠时也不改肠？听信你，说永不改肠，才和你把那香疤来烧。谁想你忘恩薄幸，亏心短命的冤家！

这段唱词，咸丰帝都能背下来，台上演员稍有差错，他都能指出来。为了迎合咸丰帝，升平署特地请来师傅，并招选貌美如玉的姑娘学演《小妹子》。经过20多天的赶排，于三月十五日在同乐园演出。女演员搔首弄姿，颇得帝宠。咸丰帝看得非常认真，他边看边唱边指点，最后，他竟上台与演员对白。以后，这出戏多次在宫中上演。

二是雍正帝曾“杖杀优伶”。

◁ 清宫戏衣

《啸亭杂录》记载，雍正帝有一次看杂剧，此剧演的是有关常州刺史郑儋打子的故事。扮演常州刺史的伶人艺术高超，“曲仗俱佳”，雍正帝十分高兴，大加赞赏，给了这位伶人许多奖励。可是，这位伶人竟有些忘乎所以，问皇上当今常州刺史为谁。雍正帝立即翻了脸，喝道：“汝优伶贱辈，何可擅问官守？其风实不可长！”接着下旨，将此优伶立即打死。真是伴君如伴虎。刚才还是晴空万里，一会儿就乌云密布。因为一句话就丢了脑袋，谁还敢说话呢？

三是慈禧看戏。

慈禧是个戏迷。每月的初一和十五，是慈禧固定看戏的日子，风雨无阻。看戏的地点是畅音阁，不管她在哪里住，储秀宫也好，乐寿堂也好，养心殿也好，只要到这两天，她都会到畅音阁去听大戏。慈禧看戏不怕花钱。光绪二十年十月初十是她 60 大寿，宫里宫外到处张灯结彩，到处都是戏台子，总共有 22 个。不仅宫内的戏班子轮番登台，还请来很多外面的戏班子，什么“同春班”“庆春班”“四喜班”等，应有尽有。那些名角像谭鑫培、杨小楼、刘赶三等都赶来祝寿。慈禧喜不自胜，到处赏银子，光听戏就花费了 50 多万两银子。也就是这一年，中日甲午战争，清朝战败，慈禧居然还这么有心情看戏取乐！

享受节日

清宫和民间一样，有很多节庆日，其中最重要的节日是春节、万寿节和圣寿节。万寿节是皇帝的生日，圣寿节是皇太后的生日。适逢节日，宫中都要大事铺张，热闹过节。清宫非常注重一个“孝”字，因为孝敬长辈是我们中华民族的传统美德，尤其在节庆的日子里，更是如此。清朝的帝王们极为重视孝长，提出“以孝治天下”的治国治家理念，奉行几百年没有改变。我们从帝王之家过春节、给皇太后过生日的档案中，就能清楚地看到这一点。

春节真奇葩

清宫过春节的习俗，大体和民间相同，不过，由于是宫廷，多了几分神秘与隆重，也多了几分政治色彩。这里，我只讲清宫过春节的几个奇葩的故事。

一是吃素馅饺子。这是清宫与民间的不同之处，民间平时可能吃不到肉，只有到过年的时候，才杀猪宰羊。大致是过了腊八，就开始杀猪了，有这样的谚语："小孩小孩你别哭，过了腊八就杀猪。"可是，皇宫不是，他们平时每天就供应很多猪肉，还有各种其他的鸡、鸭等，所以，到过年的时候，反而要吃点儿素馅的饺子。资料记载，每到元旦，在弘德殿进"素馅煮饽饽"——满族人把饺子叫作饽饽。其中，有个饺子里面包有一个大铜钱，谁吃到了，就说明谁新年吉祥。

而且，清宫规定，这种饺子，宫里的每个人都要吃，不管是主子还是奴才，不管是地位高的还是品级低下的。更可笑的是，慈禧曾经关照过紫禁城内的老鼠，她专门告诉太监："看看都什么地方有老鼠洞，在洞门口也放一些饺子。"这些老鼠过年的时候，可要感谢慈禧老佛爷了。

二是犯忌讳的事不许做。清宫过年，下人们在主子面前要特别注意，别犯忌讳。比如，不说忌讳的话，什么"死"啊，"杀"啊，等等，可千万不能说；否则，就要犯忌讳。同时，也不要做犯忌讳的事，比如，民间有初一至初五不许用剪子和针线的风俗，免得来年惹上官司或血光之灾，宫里也信这个。资料记载，每到年三十下午，储秀宫的总管就会向慈禧报告："剪子和针线全部按照规定藏好了，请老佛爷放心。"这样，无论怎么需要，这五天里面不许使用这些犯忌讳的东西。到初六，慈禧还要在储秀宫里举行仪式，很郑重地把剪子等请出来，交给相关人员，表示从即日起可以使用了。

三是吃不起的家宴。这个家宴指的是"乾清宫家宴"。大年三十这一天，皇帝不再单独进膳，而要和后妃们一起进膳。按说这是好事，后妃们应该千恩万谢，因为皇帝平时根本不和她们同桌吃饭，有了这样的机会，不应该千恩万谢吗？可是，皇帝的后妃们并不喜欢这个家宴，有的甚至惧怕这一天的到来，为什么呢？

第一，三六九等，并不同桌。说是皇帝与后妃同乐，可是，这个家宴却等级森严，给人以非常压抑的感觉。皇帝面南背北坐“金龙大宴桌”，后妃则分列东西两边；而东西两边中，又以东边为尊贵，西边较低下；同样是东边，又从北边开始分出高低贵贱，最北边离皇帝最近的是头桌，接着是二桌、三桌、四桌……西边和东边一样排列桌子。

第二，音乐让人心烦。乾清宫家宴并不平静，不是皇帝与后妃们静悄悄地说说话、吃吃饭，而是像上朝一样，反复响着烦人的音乐。皇帝出场奏“元平之章”；皇后率妃嫔向皇帝行礼奏“雍平之章”；帝后妃等用膳开始奏“海宇升平之章”；上水果奏“万象清宁之章”；上酒奏“玉殿云开之章”……这哪像吃饭啊，妃嫔们心里简直是烦透了，还有什么心情吃饭呢？

第三，行礼不断。这些后妃们出场赴宴，那要分等级，最低下的先到，等着级别高的，直到皇后出现。众位后妃全部到场之后，大家反复行礼，已经是精疲力竭了，可这仅仅是开始。皇帝登场之后，那

△ 乾清宫家宴图

才是真正行礼的开始。皇帝登场，众人起身离座行礼，皇帝落座行一拜礼；皇帝敬酒，后妃们要离开座位，跪下行一拜礼；皇帝敬完酒，后妃要按等级分别离座向皇帝敬谢，行二肃一跪一拜礼；家宴完毕，皇帝起座离开，后妃要离座起身按顺序排好队，行礼送别皇帝。

四是压抑的春联和《宫训图》。说起春联压抑，是从风俗上说的。满洲在关外的时候，崇尚白色，不喜欢红色。入关之后，清朝皇帝仍然沿袭这个习惯。春联都是以白绢书写，外包蓝边，内镶红条。这种做法，让那些汉旗女子看了非常压抑，感觉不像是过春节。

至于《宫训图》，就是历史上的十二个后妃榜样，画成图像，从腊月二十六日开始，就在东西十二宫中张挂，到第二年的二月初三再摘下收起。具体哪个宫殿挂什么，都有要求：景仁宫为燕姞梦兰图；承乾宫为徐妃直谏图；钟粹宫为许后奉案图；延禧宫为曹后重农图；永和宫为樊姬谏猎图；景阳宫为马后练衣图；永寿宫为班姬辞辇图；翊坤宫为昭容评诗图；储秀宫为西陵教蚕图；启祥宫为姜后脱簪图；长春宫为太姒诲子图；咸福宫为婕妤当熊图。后妃们看到这些《宫训图》心情是非常压抑的，因为这些图就像大山一样压在她们的心里，毁掉了她们的青春、爱情和自由。

五是享受鞭炮。皇宫平时不允许燃放烟花爆竹，因为宫殿建筑多用木料，怕引起火灾。但过年时例外。过年燃放爆竹从腊月十七日开禁，道光丙戌年改为腊月十九日。腊月二十四日以后，皇帝出宫，每过一门，内监都要放一枚爆竹，入宫时也要燃放。听到爆竹声，内值大臣就大体知道皇帝轿子的远近了。让妃嫔们最享受的还是元宵节放烟花，因为放烟花的时候，她们能离开压抑的紫禁城，到圆明园去玩。资料记载，乾隆时自正月十三日起，即奉皇太后至山高水长殿前看烟火，至收灯（正月十九日）止。这天，先举行盛大宴会，大家可以坐在一起尽情享受美餐，约束较少。宴会完毕，观看各种演出，有西洋秋千、蒙古音乐、摔跤、爬竿、冰嬉、罗汉堆塔、高丽跟头、回部音乐等。最开心的是晚上，要燃放烟花了，遍置花炮，星火遍燃，万响齐发，让人眼花缭乱，心情非常舒畅。据说，散后爆竹残纸，有一寸多厚，步军统领要率兵泼水，谓之“压火”，真是一派盛世景象。

康熙帝当演员

这里讲的是康熙帝孝敬他的嫡母孝惠章皇后的故事。康熙帝亲生母亲死得早，他 8 岁丧父，10 岁丧母。可是，他的嫡母却很长寿，一直到康熙五十六年才去世，活了七十多岁。她全凭这个非亲生的儿子康熙帝照顾，因为她一生没有生育一个子女。

说起来，孝惠章皇后很不幸。她 14 岁进宫，嫁给顺治帝。可是，顺治帝很叛逆，他不喜欢这个女人。孝惠章皇后在宫中苦苦守了 7 年活寡，直到顺治帝去世，康熙帝即位，她真正成了寡妇。但是，康熙帝对她很孝顺，虽不是亲生子，却百般照顾，孝惠章皇后反而觉得很幸福。说起康熙帝对嫡母的孝顺，史料记载很多。

比如，康熙帝怕嫡母寂寞，就把自己的皇五子胤祺和五公主交给嫡母带。有小孩子在身边，孝惠章皇后备感开心，她觉得生活很有趣，再也不感到寂寞了。

比如，逗嫡母开心。孝惠章皇后年老之后，经常唉声叹气。康熙帝很担心，便问个究竟。孝惠说：“最近我的牙齿掉得厉害，有的牙还很疼。”康熙帝一听就笑了说：“母后有所不知，这不是坏事，是好事。”孝惠章皇后很纳闷，觉得康熙帝在骗他。康熙帝说：“我常听人说，老人的牙如果掉了，或者疼痛，对后代大有好处。您想，您的牙又疼还掉了，这不是好事吗？”孝惠章皇后一听就破涕为笑了。不过，康熙帝最孝顺

▷ 孝惠章皇后像

的一件事，还是他给母后跳舞过万寿。

康熙四十九年正月十六日，是孝惠章皇后70大寿。宫里宫外格外忙碌，到处张灯结彩，呈现出一派喜气洋洋的气象。皇太后生日在宫中称“圣寿节”，历来十分重视，尤其是遇到皇上、皇太后整寿，宫中便早做准备，大加庆贺。这次孝惠章皇后70整寿，康熙帝决心大办一番，以表达自己的孝心。正月十六这天，宫中大筵宾客，又招来戏班子，一时间灯红酒绿，好不热闹。康熙帝一边陪太后看戏，一边说些为太后祝寿的吉祥话。一场戏下来，57岁的康熙帝突然走上戏台，要为太后祝寿跳蟒式舞。

康熙帝要当演员，以帝王之尊跳舞，而且那么大年纪了，大家如何受得了呢？孝惠章皇后忙站起，要劝阻皇帝，因为皇帝年岁实在太大了，不宜跳舞。可是，康熙帝兴致勃勃地朝太后施礼祝寿后，便跳了起来。蟒式舞，为满洲传统的筵宴歌舞，在民间流传已久，不知何时传入宫中。舞蹈形式为九折十八式，舞者举一袖至额头，反过一袖至后背，盘旋作势，形似巨蟒跳跃，所以叫蟒式舞。九折即9组动作，一为起式，二为摆水即打鱼动作，三为穿针即织网动作，四为吉祥即欢庆动作，五为单奔马即打猎动作，六为双奔马即出征动作，七为怪蟒出洞即龙舞动作，八为大小盘龙即龙戏水动作，九为大圆场即欢庆动作；十八式即 18 个舞蹈姿势，有手、脚、腰、转、飞各三式，肩二式，走一式。做完这些动作，康熙帝额头已微微出汗，孝惠章皇后感动得站了起来，连忙说："皇帝孝心，天地昭昭，请歇息，不要累着。"母子亲情，油然而生。

"洪福齐天"的甄嬛

在这里我们说说甄嬛的福气。

都说甄嬛有福，这是谁说的呢？是金口玉言，是皇帝说出来的。究竟是哪一位皇帝，会对这样一位女子说出这样的话？那就是她的公公康熙帝。事情发生在康熙六十一年，正是牡丹花盛开的季节，胤禛把父皇康熙帝请到雍亲王住地狮子园，赏牡丹花。其时，12 岁的弘历随父王一同觐见。康熙帝看这个孩子长相俊美，又聪明伶俐，十分喜爱。弘历也很作脸，一点儿不磕巴地给康熙帝背诵了周敦颐的《爱莲说》。康熙帝大喜，感到后继有人，十分高兴，于是，说了一句语惊四座的话，说弘历"福将过予"（《乾隆帝御制诗文集》）。就是说，这个孩子的福气将超过我。然后，他命令雍亲王妃把弘历亲生母亲叫来，要看看。甄嬛就这样第一次拜见了自己的公公康熙帝。康熙帝看到甄嬛之后，有什么反应呢？资料《清列朝后妃传稿》这样记载："皇祖连谓之有福之人。"也就是说，康熙帝看了儿媳妇之后，当时就笑了，连连说她是有福之人。那么，这一次狮子园牡丹台相见，对于甄嬛来讲至少有两大收获：第一，提高了自己的政治地位，最重要的是借此给自己的儿子带来了福运。也就是说，康熙帝想通过甄嬛的相貌，来预测一下她的儿子弘历将来的命运，是不

△ 乾隆帝为母祝寿图

是一个可以托付江山社稷的人。为此，乾隆帝即位后感慨地说："仰窥皇祖恩意，似已知予异日可以托付，因欲观圣母福相也。"（《乾隆帝御制诗文集》）第二，获得了"有福之人"的称号。康熙帝的这番话不胫而走。不仅王府上下尽人皆知，就连皇宫大内也传开了。这可能是胤禛出于自己政治目的宣传的，尤其是弘历即位后，把这段对话记录在案，达到了尽人皆知的效果。

接下来，甄嬛的好运来了，她在宫中的地位不断攀升。本来，甄嬛入宫有两个致命的弱点，一是地位低下。她的父亲是一个四品典仪官，也就是一个厅级干部，这在等级森严的皇宫之中是不占优势的。我们在《甄嬛传》中看到华妃飞扬跋扈，丝毫不惧怕皇后，就连皇帝也要让她三分，就是因为华妃的哥哥年羹尧握有重兵，是皇帝的股肱大臣。事实就是这样，以甄嬛这样的出身，想要在宫中占有一席之地，那是很难的。二是她的长相实在让人难以恭维。我们不妨看看甄嬛的历史画像，方盘大脸，方面大耳，浓眉大眼，女人男相，也难怪康熙帝看到之后，会笑着说她确实不是一个美人坯子。对这样一位长相的女人，雍正帝会喜欢吗？她很幸运。幸运的是，雍正帝并非一个好色之徒，对于女人的关注，远不如他对储位的关注。不停地角逐储位，淡薄了他对嫔御长相的关注。所以，甄嬛的长相缺陷没有被过分放大。她很有福，偶尔和胤禛的几次接触，就侥幸怀孕了，而且，还生下了一个男孩，生下了让她足以自豪的弘历。生下弘历，她连升两级，为自己晋升为妃位铺平了道路。所以，雍正帝一即位，在雍正元年，她就顺利地被封为熹妃，"顷之，又进贵妃"（《清列朝后妃传稿》）。实际上，《清列朝后妃传稿》记错了，直到雍正八年，熹妃才晋升为贵妃。尽管如此，熹妃在宫中还是达到了至关重要的地位。据资料考证，到雍正三年，熹贵妃就已经成为宫中的二号人物，帮助皇后打理后宫；到雍正九年，中宫皇后病逝，熹贵妃总理后宫，大权独揽，成为后宫堂堂正正的头号人物。这等福运，不得不说得益于当年公公康熙帝的金口玉言。当然，熹贵妃真正的福气还是儿子做了皇帝，她成了高高在上的皇太后。

熹贵妃做了42年的享福太后。雍正帝去世，她虽然失去了丈夫，但是，她的儿子做了皇帝，自己成了皇太后，比以前就更加享福了。主要表现是：

第一，多次在儿子的陪伴下游山玩水。乾隆帝出巡是有名的，有好多微服私访的记载。其实，乾隆帝每次出巡，都是打着孝敬母后的旗号。《啸亭杂录》记载："纯皇侍奉孝圣宪皇后极为孝养，每巡幸木兰、江浙等处，必首奉慈舆，朝夕侍养。"四次南巡：乾隆十六年、乾隆二十二年、乾隆二十七年、乾隆三十年，总天数近500天。三次巡幸五台山：乾隆十一年、乾隆十五年、乾隆二十六年，达到100余天。四次东巡泰山：乾隆十三年、乾隆二十一年、乾隆三十六年、乾隆四十一年，达到180余天。两次巡幸盛京，也就是沈阳：乾隆八年、乾隆十九年，达到260

天。此外，乾隆帝还陪着母后到避暑山庄29次。可以想象得到，每次出巡，浩浩荡荡，不仅朝廷要花费大量银两，地方官员还要极尽报效之能事，使得太后享尽了人间富贵。

第二，太后过生日，靡费无度。甄嬛的生日是十一月二十五日，每到这一天，她的儿子都要给她过生日。她做皇太后时是44岁，之后，她做了42年太后。在宫里，乾隆帝给她做了几个十年整寿：乾隆十六年60大寿，乾隆二十六年70大寿，乾隆三十六年80大寿。每次整寿，宫廷内外，大加庆祝，靡费无度。点景。从西华门到西直门近十余华里的距离之内，建起亭台楼阁，张灯结彩，到处建戏台，一派普天同庆的景象。礼品。乾隆帝给母后的礼品是：白银一万两、珍珠600串、珊瑚珠600串、绫罗绸缎100匹，还要连续五天进献九九礼，就是每天进献81件珍贵大礼。唱大戏。除了西华门到西直门之间连续五天唱大戏之外，在紫禁城、圆明园，都要连续五天唱大戏，请来国内顶级的戏班子为太后助兴。宴会。甄嬛生日前后各4天，共9天的时间，要在寿安宫大宴宾客，乾隆帝每天向母后祝酒庆祝，历史上也留下了乾隆帝祝酒的画面。

并不快乐的旅游

说到皇帝出巡，其实就是旅游，就是游山玩水去了。由于皇帝出巡浪费大量国帑，皇帝对外公布出巡的目的，都是冠冕堂皇的。实际上，皇帝的出巡大都会夹杂进个人的目的，有些甚至是难于启齿的目的。

五台山上的遗憾事

有资料记载，康熙帝曾经五次登上五台山。其中康熙十五年第一次，康熙二十二年第二次登顶五台山。那么，康熙帝频繁到五台山去干吗呢？众说纷纭，其中，有一种说法很有趣，说是康熙帝到五台山去寻父了。康熙帝的父皇是顺治帝。有一种甚嚣尘上的说法，说顺治帝出家到五台山当和尚去了，所以，康熙帝即位之后，多次到五台山去寻找亲生父亲。

这里还有一个故事。康熙帝到五台山寻父，奇遇了一件怪事。一日，他在山坳处看到一个老和尚摇摇晃晃走来，便上前施礼询问："师傅，请问您知道当年顺治爷出家这件事吗？"老和尚哈哈大笑道："贫僧当然知道。”老和尚讲了很多，没有什么顺序，语句混乱。康熙帝便问道：“师傅您的法号是什么啊？”意思是也许将来再到五台山，好联系联系。谁知道这个和尚没有直接回答，却作了一首诗：“一字写出四笔成，既无竖来也无横。负薪寺中交上去，斧头和尚是我名。”老和尚疯疯癫癫，也有人说老和尚自称“八 × 和尚”。康熙帝一看问不出究竟，便传旨回宫。回到紫禁城，他闷闷不乐地去见奶奶孝庄。孝庄问明缘由后，说：“哎呀，这个疯和尚是装的，他就是你的父皇啊。你想想看，‘斧头和尚’的‘斧’字有父亲的‘父’字；‘八 × 和尚’其实就是父亲的‘父’啊。”康熙帝恍然大悟，立即星夜兼程，再次赶往五台山寻父，却再也没有见到那个疯和尚，使其备感遗憾。

这个故事听起来很神奇，都为康熙帝错过寻父的大好机会而感到惋惜。那么，康熙帝的父亲顺治帝真的出家当和尚了吗？无独有偶，清史资料中，还真记载了顺治帝剃发为僧的经过。事情的经过是：顺治十七年八月十九日，顺治帝的宠妃董鄂妃去世，顺治帝非常悲痛，可以用痛不欲生来形容。他睡不着觉，每到黑夜就看到爱妃的身影在眼前晃来晃去；茶饭不思，开始是闹绝食，后来真的就水米不进了；闹上吊，其实就是自杀，大吵大闹说董鄂妃死了，我也不活了；闹出家，说我干脆落发为僧算了，找来了大和尚茆希森，给自己剃了头发；等等。这些说法，在正规资料中是有的。

还有一个很奇怪的现象，就是发生在清东陵中的怪事。清东陵有 15 座帝后妃陵寝，在民国年间，时局动荡，先后发生数次大盗案，1928 年孙殿英盗案，1945 年年底张尽忠、王绍义盗案，等等，把清东陵几乎所有的陵墓全部盗掘。可是，唯独顺治帝的孝陵没有被盗掘，这还有一个很传奇的说法。因为顺治帝早年出家到五台山了，地宫中没有尸体，也就没有棺材，因而也就没有什么殉葬品。还有人说，孝陵地宫是顺治帝

△ 孝庄常服像

的衣冠冢，只埋葬了顺治帝的一双鞋子和一把扇子。所以，没有宝贝，便没人去盗掘。

那么，真相到底如何呢？顺治帝真的出家五台山了吗？

查阅档案，发现顺治帝在董鄂妃去世之后4个月，到顺治十八年正月，由于身体虚弱，不幸感染天花病毒，患了可怕的天花，病情十分凶猛，到正月初七，便去世了，年仅24岁。他去世之后，装满宝物的大棺材被运往景山，在那里举行了火化仪式，他的尸体连同满棺珍宝化为灰烬。

这就是历史真相。

一次艰难的旅行

清宫中的女眷，最喜欢出去玩。因为不仅空气新鲜，还见世面。这里说的是康熙帝德妃的一次出游。

德妃，乌雅氏，她是康熙帝最喜爱的女人。虽然家境不是太煊赫，但是很受康熙帝喜爱，前后生育了6个子女，是康熙帝后宫中的生育冠军。在德妃内心中，她也感觉最幸福，一个女人所应有的一切她都有，男人关照，儿女双全，锦衣玉食的生活，不错的封号，等等。每当德妃合上双眼休息的时候，她和康熙帝幸福的情景就会浮现在脑海中，像过电影一样，清晰得很。德妃对康熙帝感情至深，举个例子：康熙三十六年春天，康熙帝三征噶尔丹。当时战事倥偬，康熙帝指挥作战，非常辛苦，也非常劳累。战歇之际，康熙帝突然想起了德妃，便给她写了一封情书，表达了他的思念之情。写完后，装在信袋里，在封皮写上“给永和宫”。当时，德妃就住在永和宫。然后，六百里加急，火速送往紫禁城。德妃打开这封情书，读着读着，脸颊都绯红了，她也想她的夫君康熙帝了。

正因如此，康熙帝千方百计哄德妃开心，其中带着她到南方去玩是康熙帝早就设计好的方案。宫中的女眷最大的心愿，就是跟随皇帝出去游玩，尤其是到南方去旅游。北方还是万物肃杀的季节，南方已经是花开满园了。但是，皇帝也不可能把每个妃子都带出去啊，大家争取每个机会。康熙四十六年正月二十二日，康熙帝带领大家去江南旅游，德妃争取到了名额。她太高兴了，兴奋地晚上连觉都睡不着。康熙帝一行浩浩荡荡，从北京出发，目标是江苏扬州。随着季节、温度的变化，德妃的心情也跟着变化。可是，正当德妃一路兴奋不已的时候，她的身体出现了问题。她的哮喘病发作了，而且一天比一天严重。怎么回事呢？康熙帝很着急，太医们守候在德妃旁边会诊，最终清楚了，是由于不太适应气候的变化。德妃是北方人，冬季北方寒冷，而南方温暖如春，她不太适应，所以犯病了。康熙帝非常心疼她，日夜不离地呵护在旁边。德妃有些难为

△ 孝恭仁皇后像

情："皇上回去吧，不要为了我而坏了心情，也不要累坏了身体。"康熙帝深情地看着德妃道："爱妃不要多想，朕好着呢。只盼着你能快快好起来。"德妃听了康熙帝的话，一股暖流涌上心头。不管怎么样，这次江南之行太艰难了，德妃心里很沉重。

到五月的时候，康熙帝一行结束江南之行，回到了北京。他们乘着龙舟，沿着大运河一路北行。五月十八日，龙舟到达天津码头。康熙帝命宫女们搀扶着身体虚弱的德妃下船。当德妃走下龙舟，抬头一看，眼前的情景让她惊呆了。她看到了什么呢？她的两个儿子，一个是胤禛，一个是胤禵，正在那里等候母亲的到来。两个儿子跑过来，给父皇母亲请安后，便抱住母亲久久不愿放开。德妃很纳闷，问道："你们怎么会知道我们今天到达呢？"胤禛道："是父皇特意安排的，告诉我们不要来早了，白白等候；也不要误了，接不到你们。"德妃眼睛湿润了，看着康熙帝这么细心照顾自己，便赶忙弯下腰感谢康熙帝的周到安排。

看来，德妃已经是不幸之中的万幸了。这也难怪，人家德妃的点儿还特别好，康熙帝六十一年十一月十三日，康熙帝去世，九个儿子争夺皇位，偏偏是德妃的儿子胤禛即位了，这就是雍正帝。一般人认为，德妃的大好日子来了，运气太好了。可是，谁都没有想到，德妃没有感到幸福来敲门，反而非常沮丧。所以，她做出了非常令人意外的决定：一是不搬家，雍正帝告诉她，正给她修建太后寝宫呢，请她搬出永和宫，她说不搬家；二是不做太后，就当一辈子德妃。雍正帝真是摸不透母后的心思，他苦苦哀求母亲节哀，不要因为康熙帝去世而太过悲伤，同时，要她赶紧搬家，赶紧接受太后的封号。可德妃总是思念康熙帝，无法走出失去夫君的痛苦。在第二年的五月二十二日，德妃又做出了一个惊天举动——撞柱殉葬。她真的这么做了，血流如注，尽管太医们竭尽全力抢救，仍然没有挽回德妃的生命，第二天，她就去世了，去追随康熙帝的灵魂了。

有去无回的旅游

乾隆帝有个爱好，那就是游山玩水。我们看到很多这样的电视剧，乾隆帝在出巡中微服私访，经历神奇得很。可是，乾隆帝的出巡却有一个非常奇怪的现象——每当出巡就出事，甚至高高兴兴出巡，带回来的竟然是尸体。举几个例子。

一次是孝贤纯皇后病逝于出巡途中。乾隆十三年二月，乾隆帝奉皇太后，率领皇后富察氏等出巡山东。这次出巡是乾隆皇帝提议的。春寒料峭，刚刚过完春节，乾隆帝就对皇后富察氏说："咱们去登泰山吧，去去晦气。"什么意思呢？原来，他和皇后所生的皇子永琮刚刚去世，两个人心中都很难受。永琮是他们最后的希望，准备确立为皇太子，实现乾隆帝立嫡的夙愿的。小永琮刚刚两岁就夭折，立嫡的愿望无法实现，最难受的不是乾隆帝，而是皇后。儿子死了，自己年近四旬，很难再生育皇子了，所以，皇后郁郁寡欢。其实，丧子之痛她已无法走出来，根本不想出去游玩。但是乾隆帝提出来了，一番好意，她绝对没有拒绝的道理，况且，有皇太后跟随，她最爱旅游了。皇后只好强颜欢笑，跟随乾隆母子游玩山东。泛舟大明湖，观赏趵突泉；登泰山极顶，一览众山小，皇后已经很疲惫了。三月回銮，一行人到德州的时候，乾隆帝别出心裁，突然提出要改走水路，于是，皇后和大家一起坐龙舟沿着大运河北上。可是，皇后已经很虚弱了，这个时候的天气还是春寒料峭，倒春寒袭来，皇后打了个冷战，她感冒了，病倒在床。挨到三月十一日，竟然一病归天。乾隆帝在皇后尸体前失声痛哭，没想到自己的一番好意，竟然把皇后送上了黄泉路。

一次是那拉皇后在出巡途中闹出剪发事件。这个事件在前文已有所提及，我们再赘述一遍。乾隆三十年正月，乾隆帝第四次南巡。这次，乾隆帝陪同皇太后，同时有皇后乌喇那拉氏等陪同。一路上玩得很开心，二月初十，还为皇后那拉氏过了生日，赏赐了大量珍玩，一派其乐融融的场面。可是，到闰二月十八日，一行在杭州的时候出事了。到杭州“蕉石鸣琴”这个地方，早膳乾隆还赏赐皇后食品，到晚膳的时候，皇后的身影却不见了，她的名字被黄签给盖上了。原来，那拉皇后被提前送回去了。她干什么了呢？后来才知道，就在早膳之后，乾隆帝和他的母后一起召开了家庭会议，在会上，太后提议“晋封令妃为皇贵妃”。这个令妃就是我们看《还珠格格》里面的那位。皇后听后先是惊讶，接着极力反对。可是，反对无效。怎么办呢？皇后采取了极端的办法，剪发。她披散开头发，剪掉了耳边的一绺头发。这就犯了大忌。满洲有个旧俗，只有丈夫和老人去世，女子才剪发，这等于在诅咒乾隆母子。所以，乾隆帝大怒，立即命人控制了皇后，提前护送回去。此次出巡，那拉皇后

▷ 孝贤纯皇后像

虽然回到了紫禁城，但是从此被打入冷宫，第二年七月死于冷宫，之间仅仅相隔一年多的时间。

一次是诚嫔落水淹死。乾隆四十九年，乾隆帝第六次南巡。这次南巡乾隆帝有些失落感，因为他的母后已经去世了，再也不能和他一起畅游江南。加之乾隆帝年事已高，已经 74 岁了。人逢七十古来稀，乾隆帝感慨万千，决定此次南巡是最后一次，所以，多少带有一些伤感的成分在里面。可令他万万没有想到的是，在杭州回銮的路上居然又出事了。三月十五日，夜里，他正在龙舟中休息，突然得到报告："不好了，诚嫔落水了。"乾隆帝赶忙组织人趁着夜色打捞，废了半天工夫，终于打捞上来了，可是已经死了。乾隆帝非常悲痛，心说真是怕什么来什么。原来，这个诚嫔趁着夜色，走出船舱，来到甲板上欣赏江南夜景，一不小心失足落水。

会享受的老佛爷

慈禧被称为“老佛爷”。这个晚清大独裁者，虽为女儿身，却喜欢别人叫她“爷”，这都是权力闹的。慈禧像帝王一样，该享受的都要享受，该摆谱的也一定要摆谱，活脱脱一代帝王。令人意想不到的是，慈禧虽然保守、反对变法，却很享受西方的现代玩意儿。她呀，会享受着呢。

吞云吐雾

康熙帝早就说过，吸烟有害健康。为了禁止宫里人吸烟，他曾经借故惩处过身边的大臣。最严厉的惩罚莫过于因为吸烟引起膳房失火的师傅二格，愤怒的康熙帝用铁条把二格的鼻子贯穿，使他再也不敢违制吸烟。此后，宫里面曾经一度禁烟，谁也不敢再吸烟了。

可是，皇帝能够做到——他们有很多正事、大事做，单独一个人寂寞难耐的时候并不多——那些后妃就不一样了，她们非常寂寞。皇帝还在的时候，虽三宫六院，但他不一定来到后妃的寝宫，她们经常独守空

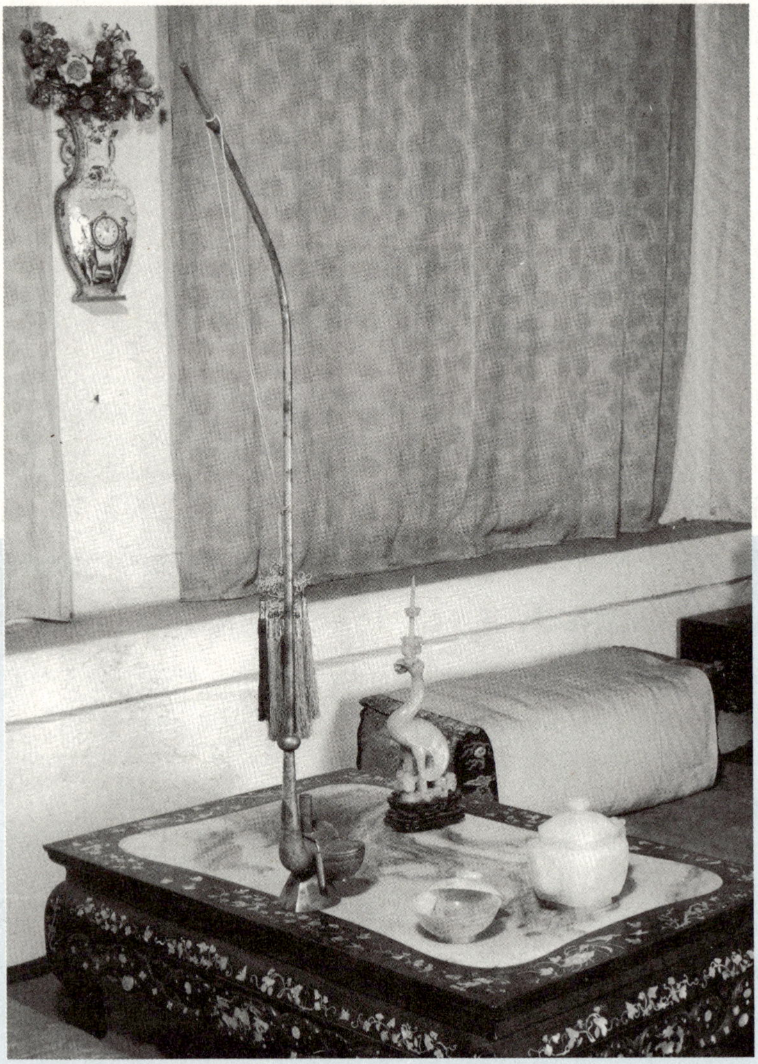

△ 宫中鹤嘴水烟袋

房，寂寞难耐；皇帝去世了，干脆就变成了寡妇，永远也不再有男人来了，彻底与世隔绝了。守寡的妃嫔们在孤寂的情况下，会怎么办呢？下棋、听太监说书、荡秋千，都会有，有时也会去圆明园看放烟火。但是，那毕竟是有限的活动，很快就过去了。她们害怕再次回到孤寂的宫殿，于是苦思冥想，看看什么能够排解寂寞。就这样她们爱上了吸烟，吞云吐雾之间，消遣了大好时光。

慈禧饭后有吸烟的习惯。我想，她虽然不似一般寡妇那样寂寞，但也和皇帝不一样。皇帝有后妃陪伴，可以说话解闷；慈禧没有，慈禧不能像皇帝那样找几个男人解闷，最多有太监李莲英陪着说说话。所以，听政之余，慈禧是非常寂寞的，她会在寂寞的时候吞云吐雾，享受其中的快乐。

慈禧吸水烟，不吸旱烟。清宫里忌讳水、烟二字，因与“水淹”谐音，所以，储秀宫管水烟叫青条。此烟为南方专门进贡，也叫潮烟。

有 4 个宫女伺候慈禧吸烟。为什么需要 4 个宫女呢？因为需要准备两袋烟，每袋烟需要两个宫女，一个专门抱着水烟袋；一个人趋向前，小心翼翼去打火镰点燃纸眉子，再点燃烟丝。当然，慈禧一般不会吸两袋烟。准备两袋烟，是以防万一。

敬烟前要准备好 6 样东西：火石、蒲绒、火镰、火纸、烟丝和烟袋。宫女在慈禧面前点火敬烟，必须十分小心，万一火星溅到慈禧脸上，她一发怒，宫女本人连同祖宗三代就会遭受灭顶之灾。所以，别小瞧侍奉慈禧吸烟，事情虽小，却关乎宫女们的身家性命。她们要反复训练，不可马虎。引火用的纸眉子是关键，既不能搓紧了，那样容易灭火；也不能搓松了，那样火苗子容易蹿出来，还会冒烟，把慈禧烤了和呛了可都是很危险的事。所以，宫女们光用火镰打火这件事，都要请师傅来培训，反复练，直到万无一失才可以上岗。

所用烟丝细薄面长，约 10 厘米。烟丝有一股清香味，用青绿色纸包裹，长方条状，所以叫青条。水烟袋全为银制，有两缸，一为烟缸，一为水囤，长长的烟管弯如鹤腿，叫鹤腿烟袋。慈禧的这柄水烟袋，银体外饰烧兰釉，再外包锦套，上绣花卉、卍、蝙蝠，烟嘴上挂的穗上是用真丝线编成的长寿字。这柄烟袋高 40 厘米，重 608 克。

慈禧吸烟时，敬烟宫女必须跪下，用手托起水烟袋，当慈禧轻轻用眼一看烟袋时，宫女便把烟嘴送到太后嘴前约一寸远地方。慈禧根本不用手接，只略一伸嘴便能含入口里。吸烟时，宫女不能正面对着慈禧，怕呼气吹着她，但也不能背过脸，必须恭敬地微侧脸，低眉顺眼，呼吸轻微地伺候。吸完烟后，宫女不可背过身扬长而去，而要弯腰低头，趋脚倒退而出。

骑在“官房”上

清代的紫禁城里住着数以万计的人，可是，紫禁城内没有厕所。宫里人解大便时，将便盆里装好炭灰使用，完事后用灰盖好，端出倒掉；解小便时，用便盆，倾倒在恭桶里，抬出倒掉。

慈禧的便盆称为“官房”，她一说“传官房”，就是要解手了。慈禧晚年肠胃不和，每天传用几次官房。

传官房前，要先备好手纸。慈禧所用手纸是细软的白绵纸。宫女加工手纸时，先把一大张分开裁好，再轻轻喷上一点水。宫女用口喷，雾又匀又细。把纸喷潮以后，再用铜熨斗轻轻熨两遍，把纸毛熨倒为止。随后，将熨好的纸裁长条备用。

慈禧的官房为檀香木质。外边刻着一只大壁虎，4 只爪子狠狠地抓着地，构成官房底座的 4 条腿，身上有隐隐的鳞，好像都涨起来了。肚子鼓鼓地憋足了气，活像一个扁平的大葫芦，正好成为官房的肚子。壁虎尾巴紧紧地卷起来，尾梢折回来，和尾柄相交形成一个“8”字形，巧妙地做成官房的后把。壁虎头翘起来，向后微仰着，紧贴在官房的肚子上，下颌稍稍凸出，和后边的尾巴正好是平行的位置，手的虎口恰好可以托住，正好作为前面的把手。壁虎头往后扭着，两眼向上注视着骑在背上的人。嘴略微张开，恰好可以衔着手纸。两只眼睛镶有光亮的宝石。官房的口是略长的椭圆形，有盖，盖的正中卧有一条螭虎，做成提手。慈禧晚年肠胃不和，这件官房是她经常使用的东西。慈禧解手时，骑在大壁虎上面，一手握住壁虎的尾巴，一手拿着手纸逗大壁虎玩。也只有在这个时候，宫女们才觉得独裁者也有人情味。

慈禧一说传官房，侍女便忙碌起来。一个去传专司太监，这个太监同官房一起随侍慈禧左右，即使是出巡在外，也是如此。太监将裹有黄云龙套的官房顶在头上，走到寝宫门口，请跪安，然后把黄包套迅速打开，请出官房，由宫女捧进更衣室。另一名宫女在里间伺候慈禧宽好衣服，再将一块二尺见方的油布铺在地上。宫女将官房在油布上放好，慈

▷ 清宫普通便器

禧便由宫女搀扶着骑上壁虎。

壁虎的肚里是干松的香木细末，便物落下后，立即滚入香木末里，所以，闻不到臭味。

慈禧解完手，官房由宫女捧出寝宫。在寝宫外伺候的太监，垂手躬身恭候着，双手接过官房，再用黄云龙套装好，头顶而出。

慈禧在宫里解手大摆派头，可是，1900 年，她在逃往西安的途中却狼狈至极。有一次，她走进一间茅厕，但见空中苍蝇飞舞，地上恶屎黄汤横流，没有下脚之处，只好退出来。最后，情急之中，她命随侍女眷脸朝外围成一个圈，她在里边解手。此时的慈禧真是感慨万千。

慈禧对官房的感情是最深的，她真的是离不开这个贴心的官房。尤其是光绪三十四年十月初十，她 74 岁生日之后，由于频繁接见王公大臣的朝贺和出席各种庆祝活动，再加上不停地看戏，身体有些吃不消。本来年龄大了肠胃就很弱，吃的又都是好东西，鸡鸭鱼肉，什么都吃，结果坏了，她的肚子开始咕噜咕噜叫唤，不停地传官房。太监刚刚抱走官房，又开始传，两个官房都不够用了。一直持续了十几天，太医也没有办法。他们在脉案上写得最多的一句话是“水走大肠，得食则泻”，就是吃什么拉什么，已经止不住了。过去 12 天，到十月二十二日，慈禧的肚子里什么也没有了，还是下旨传官房。这天，她病逝于仪鸾殿。

难以驾驭的“破玩意儿”

慈禧一生活得可真是太值了，大权在握，呼风唤雨，威风八面，可谓是一位女皇。我今天仅就她出行所乘坐的交通工具，来说明这个问题。慈禧出行，或者消遣行乐，主要乘坐过这些交通工具：轿子、船、火车和汽车。

乘坐轿子。这是慈禧乘坐最多的交通工具，也是最常见的交通工具。我们看到过慈禧乘坐轿子的照片，那真是太有气派了。看上去像是三十二个人夹杠抬着一个肩舆。慈禧穿戴整齐，坐在上面，最前面是两个总管太监，东侧为李莲英，西侧为崔玉贵，后面是慈禧亲近的女眷或女官，比如隆裕皇后等，还有侍奉的太监以及宫女，还有各种御前太监拿着慈禧需要的物品，比如官房，解手用；比如各种点心食盒，零食用；比如洗漱用具；等等。

乘坐船。我们同样看到过慈禧乘坐船只的照片传世，这是慈禧行乐游玩的交通工具。慈禧重修颐和园后，昆明湖备有大小龙舟数艘，专供慈禧游湖消夏。每次乘船至昆明湖，她先到南湖岛上的龙王庙烧香拜佛，以求龙王保佑她水上游玩平安。若是夜游昆明湖，则根据季节的不同，在湖中放置大量的荷灯，并用荷灯组成不同的图案，长廊和沿湖岸一线的石栏杆上都要挂上各种花灯。人在湖中巡游，观赏园中夜景，长廊似飞龙展姿，湖面像龙宫放彩，确实十分有趣。另外，慈禧也会扮成普陀山观音大士游湖，我们就看到过这样的照片：李莲英扮韦驮，有时也扮成散财童子，庆亲王奕劻的三格格或四格格扮龙女，船穿行于荷花之中，看上去非常逍遥自在。

乘坐火车。1900 年，八国联军进攻北京，慈禧带着光绪帝逃离京师，辗转来到西安。1901 年 7 月 6 日宣布，和局已定，谕令内务府大臣扫除宫禁，择日回銮，唯当时天气炎热，候秋后稍凉启行。他们选择由河南、直隶一带回京。10 月 6 日一大清早，西安满城文武官员齐集宫门之外恭送两宫启程。一路浩浩荡荡，沿途各地方官员恭迎恭送，全没了来时的落魄模样。洛阳一地方官员更是大事铺张，就地搜刮民财，以供迎驾所需，唯恐不周，无不力求奢华。此时，跟随的马车已有三千辆之多，满载各地进贡的金银珠宝、绫罗绸缎，白银四百多万两。1902 年 1 月 3 日，

△ 慈禧太后的奔驰车

慈禧一行由正定改乘铁路花车前往保定，离开保定的时间是 1 月 7 日。此日，铁路局特备火车一列，共 22 节车厢。其中有上等车厢 4 节，慈禧太后、光绪帝各用一节，车厢均用黄缎铺饰。所有御用瓷器碗盏，均由时任中国铁路总公司督办的盛宣怀呈进，车厢内外布置得极尽奢华。车站两旁，扎有彩棚 30 座。在军乐声中，火车驶出保定站。当日，列车到达北京马家堡车站。随着进站的汽笛鸣响，车站上列队整齐的西洋军乐队，顿时鼓乐齐鸣，奏起了响彻云天的《马赛曲》。这首法国大革命的战歌，成了北京欢迎慈禧的迎宾曲。朝廷各大官员列队躬迎。慈禧一行缓缓走下列车后，分乘八抬黄缎轿，进入永定门，结束了长达两年的流亡生涯。

乘坐奔驰轿车。戊戌政变后，袁世凯为了讨好慈禧太后，用 1 万两白银从先进的德国汽车制造公司购进一辆第二代奔驰牌轿车，作为慈禧 60 大寿的贡礼。

这辆轿车的功能与现代轿车基本一样。4 个粗轮的外胎为橡胶制品，车胎表面印有拉环纹。车身共两盏灯，均在前方，为铜制，下有引线，接通电源。车的座位柔软舒适，外罩蓝缎布，除司机外，仅能坐一人，是一辆地道的专车。车顶由 6 根金属柱支起，顶篷周围垂下黄丝带，是德国公司专门为慈禧设计的，因为黄色为中国皇帝所专用。

献上这辆车后，袁世凯更加得宠，他平步青云，进入军机处，成为清末少有的炙手可热的权相。但这辆豪华的奔驰轿车，慈禧只坐过一次，而且还闹得很不愉快，因为给她开车的师傅是坐着开车的。慈禧一看——和我一样平起平坐，很不高兴，便大发雷霆。但是，当她命令师傅跪着开车时，又差点儿酿成大祸。慈禧大骂道："什么破玩意儿！"所以，这辆奔驰轿车慈禧仅仅坐过一次。后来，她几次想坐，一想到之前的不愉快，心里便想："我怎么就驾驭不了它呢？这是什么破玩意儿？"这辆珍贵的奔驰轿车没能给慈禧带来快乐，最终荒废在颐和园。

慈禧摆 Pose

照相术传入我国是晚清的事情。当时，北京城内私营照相业已经兴起，到照相馆拍一张照片，已成为当时北京市民的时尚。但在紫禁城内，直到光绪二十九年（1900 年），已 69 岁的慈禧太后才开始拍摄个人照片。

实际上，慈禧太后对照相术是抱着试试看的心理去接受的。由于光绪二十六年，八国联军将她赶出京师，她对洋人是既害怕又憎恶。所以，她对照相术的接受，是给洋人做出一种姿态，表明她接受洋务的心理。慈禧不喜欢照相，还有一个心理障碍，那就是珍妃。珍妃对照相非常喜欢。她很时髦，拿个相机，不是给光绪帝照，就是给太监宫女照，照来照去，闹哄哄的，慈禧非常反感。于是，在光绪二十年十月二十八日，她对珍妃进行了狠狠的教训，其中的理由就有照相这一条，说她扰乱宫廷。所以，基于这两点，慈禧对于照相还是很谨慎的。

可是，当慈禧看到一张张栩栩如生的照片时，立即被吸引住了。于是，她命人找来多名摄像师，为自己照相。照相时，慈禧会摆出各种Pose。资料中留下了慈禧的大量照片。

给慈禧照相的有两人，一为任庆泰，另一为勋龄。任庆泰，字觐风，辽宁法库县人。清末，他在北京前门外大栅栏开设丰泰照相馆。当时，庆亲王奕劻常去丰泰照相，并把自己的照片带入宫中，慈禧看后大加赞赏。于是，善于钻营的奕劻将任庆泰带进宫中为慈禧照相。任庆泰摸准慈禧的脉搏，所照的每张照片均博得慈禧欢心，任庆泰因此被赐予四品顶戴。

勋龄则出生于封建官僚家庭，父亲裕庚是三品大员，母亲和两个妹妹常去宫里陪伴慈禧。尽管如此，二十几岁的勋龄对给慈禧照相这件事仍感战栗。一是自己目力极差，平时总戴眼镜，但觐见慈禧时，按规定是要摘下眼镜的，他担心自己目力不济会失仪招祸；二是对自己的照相

◁ 慈禧太后设色像

术并无足够的把握，尤其是给挑剔的慈禧照相，搞不好会被杀头。可是，慈禧对侍候她的人是豁达而宽容的。有一天，勋龄照完相，正在暗房里操作，慈禧突发奇想，传旨要去暗室看看底片。勋龄捧个盘子，匆匆赶去。由于未戴眼镜，在攀登丹墀上的石阶时差了半步，险些摔倒。慈禧笑了，命两个太监扶他上来，并恩准他以后觐见可以戴眼镜。还有，就是照相时按规定勋龄必须下跪操作，可是，由于种种不便，操作十分蹩脚，于是，慈禧特准其站立照相。

慈禧的照片大致可以分为五类：一是标准特写照片，都是在颐和园乐寿堂前搭的席棚中照的，中设御座，布景屏风及豪华陈设，照片中的太后或坐或站，而服装、头饰、陈设各不相同：有摆出各种姿势的，也有对镜插花的；二是化装成普陀山观音大士后拍的照片，这是慈禧为了神化自己而特别设计的，只见她特自信地端坐在那里，一身佛装，另有李莲英打扮成韦陀模样，庆亲王四格格则装扮成龙女模样；三是慈禧与后妃、格格、女官及外国公使夫人等的合影，这些照片生活气息相对浓一些；四是在颐和园仁寿殿前的乘舆照片，慈禧盛气凌人地端坐在平底船上，悠闲地在水上避暑消夏；五是端坐在宝座上的照片，慈禧穿着华丽的服饰，自信地目视前方，充分显示出雄霸天下的气势。

从上述照片中，我们可以看到慈禧豪华的穿戴及傲岸的神态，专制47年的独裁女主的赫赫权势暴露无遗。从她自比南海观音，泛舟水上，又不难窥见她内心世界的空虚，唯我独尊心态的凝重……这些照片，为我们认识慈禧、研究慈禧提供了丰富而生动的素材。

第四章

那些囧事儿

04

清代的宫廷里，无处不存在一种“郁闷、悲伤、无奈”的气氛，因而非常符合“囧事儿”的含义。虽然我们并不完全相信《甄嬛传》中的情节，但是，那些事件的原型是可以在清宫档案中找到依据的。后妃们之间的宫斗、皇子们之间的厮杀、奴仆们之间的挑拨、王公大臣的介入等，使深宫变成了名利的角斗场。也正因为如此，产生了一个个事件、一桩桩秘闻，囧事儿连连，让人窒息。

『甄嬛』囧事儿

看过《甄嬛传》，大家印象最深的就是宫斗。从开始到结束，剧情中的主要事件就是宫斗。宫斗不比民间矛盾，所反映出来的内幕、细节让人眼花缭乱，而且非常新奇。所以，一些媒体反复追问“巫术是真的吗？”“什么是‘一丈红’啊？”“麝香真的能使人避孕吗？”等问题。其实，大家所问，都是发生在深宫之中的“囧事儿”，也只有在深宫里，才会有这种离奇怪异的事件发生。我依据史料，破解发生在甄嬛身边的那些囧事儿。

神秘的“麝香”

一提麝香，大家马上想到电视剧《甄嬛传》。因为在《甄嬛传》中不时出现麝香这种东西。看起来，麝香是一种非常神秘的药物。

什么是麝香呢？麝香，又叫遗香、脐香、心结香、当门子等，是雄麝的肚脐和生殖器之间腺囊的分泌物，干燥后呈颗粒状或块状，有特殊的香气，味苦，可以制成香料，也可以入药。

麝香的药理作用大概有两种：一为开窍醒神，可预防和治疗中寒、中暑、中风、中湿等病；二为舒筋活络，接骨镇痛的功效。这种名贵的药材，在清宫中大量使用，太医院御医配置的方剂如苏合香丸、御制平安丹、十香返魂丹等，都含有麝香的成分。

麝香还有两个副作用，一个是催情。因为麝香的气味奇香，能够使人迷离。历史上有很多这样的例子，比如，北魏孝文帝和女子冯妙莲使用麝香的故事。冯妙莲为了诱惑孝文帝，把麝香制成小颗粒，藏入肚脐之中。皇帝看不到，却因为麝香的奇香而钟情冯妙莲。冯妙莲终于利用麝香的这个作用，达到了勾引皇帝的目的。另一个是堕胎。因为麝香有开窍的功用，有极强的通闭作用，所以，明朝后宫之中，便有心狠手辣的女人用麝香害人。比如，明朝第八位皇帝朱见深，也就是宪宗，与一个比他大 18 岁的乳母万氏产生了奇怪的感情，用今天的话说，就是一种虐恋。万氏为了控制宪宗，便想给他生个儿子，可事与愿违，她始终未

◁ 麝香

能如愿。可别的女人纷纷为宪宗怀孕。万氏恼羞成怒，便用麝香害人，一个个被她强迫吃下麝香，孩子便堕掉了。

所以，大家听出来没有，麝香的两个副作用被宫廷神秘地利用了；相反，麝香的正能量却被人们忽视了。

但是，我可以肯定地说，这种能使人堕胎的麝香，在清代宫廷中，不会像电视剧那样被那些后宫的小主们轻易取得，而且制成各种药剂，成为导致后妃堕胎的凶手；也不会被皇帝和后妃们用来催情，成为互相勾引的春药。我们看到更多的麝香用途，还是它的正能量，并因此被宫廷大量使用，如玉池散、祛风润面散、沉香散等。

不仅如此，清朝宫廷对药品的管理极为严格，谁想用药，都要经过严格的手续。比如，雍正帝对太医院的药剂管理就非常用心，在雍正七年，他曾下过十分严厉的谕旨："尔等严谕御药房首领知悉：药物关系重大，嗣后凡与妃、嫔等送药，银瓶上必须牌子标记。至所用汤头，亦须开清，交与本宫首领太监，即将名字记明，庶不至于舛错。"（《国朝宫史》上，训谕）大家看，拿药的时候，首先用的是防毒的银瓶，还要在瓶子上记名字，再要经过首领太监把关，更要有两名以上御医、总管太监、御前太监、宫女等多人见证；同时，要备两份药剂，一旦出事便于验证，这样严格的手续，怎么可能弄错呢？雍正帝最精细了，他深知宫廷险恶，也了解太医院用药的神秘，他惧怕出事，所以，特别作此规定，可谓防患于未然。

所以，我可以肯定地说，后宫女主不可能随意使用麝香害人，她都拿不出来，管理非常严格。《甄嬛传》中，麝香几乎无处不在，好多女人身受其害，这是作者为了剧情而编造的故事。

安陵容施“巫术”

巫术，也叫“厌胜之术”，是古代用法术诅咒或祈祷以达到制胜所厌恶的人、物或魔怪的目的。这种巫术，在宫廷中曾被使用。历史上就有这样的例子，比如，唐高宗时期，王皇后因武曌（武则天）之女暴卒一事被高宗怪罪，后因证据不足作罢。可王皇后紧张不安，于是与萧淑妃串谋道士，施厌胜之术想置武曌于死地。事后被唐高宗得知大怒，被打入冷宫。后来，唐高宗又颁下诏书，将王皇后和萧淑妃废为庶人，并加以囚禁，她们的父母、兄弟等也被削爵免官，流放岭南。大家一定很奇怪，不就是巫术吗？唐高宗何以动这么大的怒气呢？原来，在那个时代，人们相信巫术的力量，相信巫术真的会害死人。

电视剧《甄嬛传》中，也有巫术的镜头出现。由于华妃作恶多端，结怨多人，很自然成为众矢之的，有人甚至用宫中最恶毒的巫术诅咒她。如在第二十一集中，安陵容用身上扎满银针的小人诅咒华妃。

由上，我们可以看出，凡是使用巫术的人都是弱势群体，是一种精神胜利法。而那些得势的强者，从来不用这种自欺欺人的做法。

在清宫档案中，我们也看到了两次使用巫术的事件：

第一次是褚英使用巫术。褚英是努尔哈赤的长子，他作战勇敢，战功卓著，努尔哈赤封他为广略贝勒，并授权褚英处理部分军政事务，这年他才 29 岁。褚英也因此遭到“四大贝勒”代善、阿敏、莽古尔泰、皇太极，以及“开国五大臣”额亦都、费英东、何和礼、安费扬古和扈尔汉的忌妒。这些人不断向努尔哈赤进谗言，最终使褚英遭到努尔哈赤的惩治。褚英不思悔改，在努尔哈赤带领众皇子、大臣出征之际，对天焚表诅咒出征的父汗、四兄弟、五大臣，说：“吾兵出征，愿其败于乌拉，战败之时，吾不许父汗及诸弟入城。”（《清太祖实录》）褚英也真是太糊

△ 胤禔

涂了，竟然这么诅咒自己的父亲，犯了大罪。这件事被揭发出来，褚英获“咀呪”之罪，被圈禁高墙之中，被管制起来了。两年后，努尔哈赤杀了他。

第二次是胤禔用巫术镇魇胤礽。胤禔是康熙帝长子，他与一个会巫术的蒙古喇嘛巴汉格隆有来往。由于他觊觎皇位，便千方百计整治皇太子。他想了个办法，利用喇嘛以巫术镇魇皇太子，就是喇嘛念咒语诅咒，致使皇太子神志迷离，犯下种种错误。当然，我们今天从科学角度分析，不会这么简单，一定另有隐情。这件事被康熙帝的皇三子胤祉揭发，康熙帝极为气愤，宣示胤禔为“乱臣贼子”。下令夺郡王爵，严加看守，在府第高墙内幽禁起来。胤禔被囚禁在高墙内达26个春秋，直至雍正十二年十一月初一死去，终年63岁。

这是我们研究清宫史过程中仅见的两次巫术事件。在雍正朝，尚未发现宫中巫术事件。而《甄嬛传》中记述了雍正帝的后宫之中使用巫术诅咒华妃，也就是年妃，是不符合历史真实的虚构。

“一丈红”暴打夏冬青

《甄嬛传》中华妃对夏冬青所用的“一丈红”，大家感到很新奇，那什么叫“一丈红”呢？其实，就是一种残酷的刑具，是一种十分严厉的刑罚。清代后宫里，等级高的妃子真的可以对等级低的妃子用刑吗？什么是廷杖呢？

廷杖，是在朝廷上行杖打人，是对朝中官吏实行的一种惩罚，最早始于东汉明帝。《后汉书》记载：“明帝时，政事严峻，故卿皆鞭杖。”廷杖一般是由栗木制成，击人的一端削成槌状，且包有铁皮，铁皮上还有倒钩，一棒击下去，行刑人再顺势一扯，尖利的倒钩就会把受刑人身上连皮带肉撕下一大块来。这是早期的廷杖，到清朝时，已经没有这么厉害的工具了。廷杖使用最多的是明代，它成为一种制度，开始于明太祖朱元璋，曾打死开国元勋朱亮祖。到明世宗嘉靖年间，嘉靖皇帝为了追封自己的生父兴献王为皇帝，竟然不惜与群臣反目。自己的父亲本是一个王爷，嘉靖皇帝非要追尊为皇帝，大臣们能答应吗？于是，朝臣两百余人跪于左顺门前力争，激怒了嘉靖皇帝，一百余人遭到杖打，当场廷杖而死者就达到十六人，左顺门外血流成河。这次恶性事件，历史上称为“大礼仪之争”。

在清朝的后宫廷史中，那些主子们真的会使用这种残酷的“一丈红”来惩罚犯错之人吗？我们查阅了大量史料，绝少看到廷杖的刑罚，最明显的只有三次记录：

第一次是珍妃被“褫衣廷杖”（胡思敬《国闻备乘》里面有记录）。光绪二十年十月二十八日，珍妃恃宠而骄，卖官鬻爵，证据确凿。比如，鲁伯阳以四万两白银买到上海道，河南巡抚裕长向珍妃行贿等——这些非法收入，珍妃都一一记录，你说，她还给人留下了罪证，结果账本被

△ 珍妃和珍妃井

慈禧搜出。更重要的不是这些，是光绪帝过于宠爱珍妃，导致慈禧的侄女、身为皇后的隆裕不满。于是，隆裕跑到姑姑慈禧那里告状。慈禧恼羞成怒，决定重重惩罚这个不听话的珍妃。慈禧对珍妃褫衣廷杖，意思为脱去衣服直接暴打肉体。可怜珍妃，一个弱女子被打得皮开肉绽，奄奄一息。太医把脉的时候，几乎没有了呼吸。出手真是太重了。这还不算，慈禧又下了一道严厉的谕旨，将珍妃降为贵人。

第二次是乾隆帝的惇妃打死宫女。惇妃这个人脾气大。乾隆四十三年，不知什么原因，惇妃竟然杖打身边的宫女，最终打死了这个宫女。这件事情被报给乾隆帝，乾隆帝非常恼怒，他马上做了指示，说即使是我，对犯错误的小太监也不敢把他打死："不过予以薄惩，杖责二十，至多不过四十。"（《清高宗实录》）何况是对待那些宫女呢？乾隆帝为此重惩了惇妃，先是降为惇嫔，接着罚款，要惇妃负责死者的丧葬费和家属的生活费，并对她身边的太监宫女进行了严惩。乾隆帝这么处理还算是客气的了，主要有两个原因：一个是惇妃年轻，比乾隆帝小 36 岁，乾隆帝比较喜欢这个妃子；另一个最主要的是惇妃生了乾隆帝最小的女儿——

十公主。十公主是乾隆帝的掌上明珠，乾隆帝曾说过这样的话，如果你是男孩的话，我会把皇位传给你。可见，乾隆帝对惇妃是法外施恩的。但即便如此，也还是给予了惩处，足见清朝皇帝对后妃滥用廷杖之刑是多么厌恶。

第三次是咸丰年间，咸丰帝的玫贵人非常放肆地使用了廷杖，凌虐一名宫女。这件事被报到咸丰帝那里，他非常气愤，叫来玫贵人训斥道："当年乾隆爷在世的时候，他的惇妃即便非常得宠，生育了优秀的十公主，还因为打死宫女而遭到重处，何况是你呢？"咸丰帝下令，将玫贵人降为玫常在，再降为宫女。这个女人只有到这个时候才懊悔不已，当初怎么就那么冲动呢？

清朝后宫使用廷杖的记录，大致就这么三次。其他的像廷杖太监、不法大臣等，也可能会有，但是对于华妃这样的主位，对同是雍正帝嫔御的夏冬青施以"一丈红"，那是绝对不可能的；另外，华妃也不敢如此大胆。我们考证，华妃的原型就是雍正帝的年贵妃，她确实是年羹尧的妹妹。但是，这个女人的真实面目与华妃恰恰相反，她有两个明显的性格特征：一是身体羸弱，就是一个宫廷版的林黛玉；二是谨小慎微，娘家的来信她都不敢拆开看，而是先交给雍正帝看过之后，自己才敢看。所以，年贵妃是雍正帝最爱的女人，他们之间生育了 4 个子女。这才是历史的真面目。

甄嬛"红杏出墙"

清代后妃会红杏出墙吗？有人敢睡皇帝的老婆吗？给高高在上的皇帝戴绿帽子，那得有多大的胆子啊？尤其是雍正帝的老婆，有谁敢打她们的主意吗？

我们看《甄嬛传》，感受最深的就是那个漂亮的甄嬛和风流英俊的果郡王之间的一段恋情。两个人一见钟情，跌宕起伏的情节，感人肺腑的爱情，构成了《甄嬛传》的主旋律，吸引得人们争相观看，一时间，甄嬛和果郡王之间的爱情传遍了中华大地，也传到了海外华人那儿。大家都在问，这是真的吗？

我查阅了雍正帝的后宫资料，在已知的雍正帝的23位后妃中，没有一位叫“甄嬛”的女人，也没有一位女人曾经发生过红杏出墙的事件。经过和清朝其他皇帝后宫中的女人相比，雍正帝的后宫非常平静，不要说没有这种有伤风化的事情，就是电视剧中频繁的宫斗事件也根本没有。

那么，清代后宫里面，就真的没有红杏出墙事件了吗？我梳理了一下清代后宫资料，还真的发现有两个皇帝的后宫出现了红杏出墙事件。

一个是努尔哈赤的后宫。天命五年三月，努尔哈赤的小福晋代音察秘密向努尔哈赤举报大妃阿巴亥。接到代音察的举报，努尔哈赤的汗毛都竖起来了，简直不敢相信，这绝对不是真的！他宁愿相信代音察撒

▷ 多尔衮：太后下嫁的主角

谎，也不愿相信这些。惊讶、气愤、羞辱，这些他从来没有经历过的感受一起涌上了心头，他简直都要窒息了。代音察究竟在举报信中说了什么，会让老汗王这样呢？这件事就是大妃勾引大贝勒代善。代善，生于明万历十一年七月初三，为努尔哈赤的次子，是努尔哈赤第一位大福晋佟佳氏所生，也是清代一位杰出的政治家和军事家，对清朝的建立做出了重大贡献。天命元年，努尔哈赤封四大贝勒，代善与堂弟阿敏、五弟莽古尔泰、八弟皇太极为和硕贝勒。由于代善在四人中年龄最大，被称为“大贝勒”。代善作战勇敢，又有机谋，很得努尔哈赤的赏识，因而得到重用：“太祖嘉代善勇敢克敌，赐号古英巴图鲁。”（《清史稿》）尽管如此，作为母亲辈分的大妃，不应该也不敢勾引儿子辈分的大贝勒啊。但是，大妃做了。代音察举报：“大福晋曾两次备饭，送与大贝勒，大贝勒受而食之。”（《满文老档》）但是光凭这点，很难判定阿巴亥与大贝勒代善有染。代音察更拿出了撒手锏，即两人曾经幽会，而且是深夜幽会。代音察举报说：“大福晋一日二三次遣人至大贝勒家，如此往来，谅有同谋。大福晋自身，深夜出院，亦已二三次矣。”（《满文老档》）这难道是真的吗？努尔哈赤不敢相信，于是派出了心腹四大臣达尔汉虾、额尔德尼、雅逊、蒙阿图秘密调查，结果全部属实。这简直是晴天霹雳。但是，最终努尔哈赤没有杀她，宣判结果是休离：“吾不与彼共处，将彼休离。”当然，努尔哈赤出于种种考虑，不久就召回了阿巴亥，继续主持后宫事务。

另一个是皇太极的后宫。当然，皇太极在世的时候没有人敢红杏出墙，是在他去世之后，他的永福宫庄妃传出了“太后下嫁”的丑闻。这件事的发生事出有因，先是庄妃年仅6岁的儿子福临继承帝位，大权在握的皇叔多尔衮辅政。可是，多尔衮是不情愿的，他想废掉福临，自立为帝。于是，种种不利于顺治帝的事情接踵而至。比如，强迫顺治帝叫他“皇父摄政王”，上朝不给皇帝下跪，派人监视皇帝行踪、威胁皇帝安全，等等。小皇帝危如累卵。怎么办呢？机灵的庄妃紧紧抓住多尔衮好色的弱点，极尽所能地与之周旋，甚至不惜牺牲自身的清白，以保住儿子来之不易的皇位。于是，张煌言的《建夷宫词》中有这样两句话“春官昨进新仪注，大礼恭逢太后婚”，绘声绘色地讲述了孝庄太后下嫁小叔子多尔衮的故事。

至于甄嬛和果郡王之间发生红杏出墙的可能性根本没有。原因是：

第一，年龄不符。甄嬛生于康熙三十年，果郡王生于康熙三十六年，比甄嬛小六岁。他不会看上比自己大那么多的一个老女人。

第二，事件不对。果郡王胤礼是康熙帝第十七子，由于他没有参与皇储之争，雍正帝即位后，虽大肆打击异己，包括兄弟，但胤礼没有遭到打击，得以善终。雍正六年，被晋封为果郡王，直到乾隆三年才去世，终年 41 岁。果郡王一共有两位妻子，生有一对儿女，但是很遗憾，都夭折了。

第三，根本不可能见面约会。比如，《甄嬛传》中，两个人在乾清宫家宴中见面，这怎么可能？过春节，皇家要举办乾清宫家宴，那是皇帝和后妃们在一起聚餐，不会邀来王爷，更不会让后妃和王爷们共餐，这是有严格规定的。

所以甄嬛和果郡王相爱，并生育了两个孩子，这都是作者虚构的故事情节，是不可能发生的事情。

夺命的天花

天花夺命？现代人根本就没有这个意识。就好比20世纪中叶以前，肺结核是不治之症一样，今天谁得了肺病根本不用害怕，抗生素就可以治愈了。清代的天花是要命的，清朝的帝王后妃们畏之如虎。大量史料证实，清代皇家不知有多少金贵的生命死在了天花上，天花真是太可怕了。

怕什么来什么

在清代，天花最可怕。那个时候，人们一旦染上天花病毒，就面临着死亡的威胁。据有关资料统计，清代感染天花病毒的人，有50%~60%会死亡，也就是一半以上的人过不去这道鬼门关。所以，那个时候，人们“谈花色变”，非常害怕。按照资料记载，清朝有两个皇帝对天花最惧怕：一个是皇太极，另一个是顺治帝，父子两个。

我先说皇太极对天花的惧怕。皇太极成年即位，小时候没有出过天

▷ 顺治帝半身像

花，因而是“生身”，出过天花的人是“熟身”。所以，皇太极即位之后，最怕感染天花病毒，千方百计避痘。他都采取什么办法呢？

选择僻静处避痘。每当天花流行，皇太极就很紧张，赶紧找地方避痘。一般来讲，他会远离人群。先是在深宫中避痘，可是，深宫中也不安全，做皇帝的找他的人肯定多，避不开，于是，他到寺庙里去，那个地方清净。最终，他选择了沈阳市一座叫“长宁寺”的庙宇，那里很清静，几乎没有人知道他在那儿。有的时候，皇太极也会出去打猎，到深山密林，带着干粮，就那么几个人，很安全。

隔离出痘人。主要是不敢见。尤其是出天花的家属，他是退避三舍。比如，大哥代善的第五子巴喇玛出天花病逝，按理皇太极应该慰问。可是，他害怕啊。怎么办呢？不慰问说不过去啊。于是，皇太极决定出城见面，在城外十里处所，与代善简单会面，表示一下自己的慰问。皇太极曾下令，一定要清查出天花的人，凡是正在出天花的人，都弄到百里之外避痘。这不过分吗？一般来讲，出天花的老百姓没有医疗条件，再被弄出去那么远，没人照顾，必死无疑。后来，病人家属不满意，就改为 60 里，还不满意，又改为 40 里，最后改为 20 里。更可笑的是，有很多误诊的人也被隔离出去，比如，那些感冒发烧、风疹疥疮的，因症状与天花相似，也被隔离了。

可见，皇太极被天花吓坏了。不过，避痘效果不错，他一辈子生身，没有出过天花。可是，他的儿子顺治帝就没那么幸运了。

顺治帝受父皇的影响，一辈子躲避天花病毒的侵袭。他处处模仿父皇的做法，躲避，躲避，再躲避。有的地方，顺治帝的做法超过乃父。

一是不理朝政。顺治帝每遇天花流行，就会躲起来，干脆不见人。他会去南苑避痘，那里清净没人。他把一切政务交给王公大臣，交给各个部门，自己则一概不管。有时候，他也会学皇太极出去打猎避痘。有一年冬季，北方流行天花，顺治帝便匆忙出京，跑到几百里外的遵化山区去避痘。大家想，大冬天的，天寒地冻，他跑到荒无人烟的地方去躲避瘟疫，心里的恐慌可想而知。

二是可笑的“三毋”。真是怕什么来什么，顺治帝最惧怕的东西就是天花，可天花偏偏找他。他身体虚弱，尤其是顺治十七年八月十九日，爱妃董鄂妃病逝之后，他身体极为虚弱，结果天花病毒找到了他。顺治十八年正月，他不幸感染了天花病毒。顺治帝害怕极了，他匆忙向全国下达了一个十分可笑的圣旨，那就是“三毋”：毋炒豆，毋点灯，毋泼水。他也真是可笑至极，老百姓不炒豆子可以，但是，不点灯、不泼水，那能做到吗？

顺治帝染上天花以后，发病很快，正月初七，顺治帝遂致弥留，一病归天，结束了他 24 岁的宝贵生命。

痛失机遇

清宫中，天花不仅夺去了很多人的生命，还夺去了他们的各种机会。我们看看都是哪些人被夺去了什么机会。

第一，丧失了即位的机会。清朝有两位这样的皇子，因为天花而丧失了即位的机会。一位是顺治帝第四子荣亲王，这个孩子的生母是顺治帝最为宠爱的董鄂妃，可说是宠冠后宫，所以她的儿子得到特殊的待遇。这个孩子生于顺治十四年十月初七，董鄂妃刚刚入宫一年。顺治帝欣喜若狂，宣布了三件事：一是排行老大，称为“第一子”，其实是排行老四；二是大赦天下，这可从来没有过，只是生育了一个皇子就大赦天下，太过分了；三是立为皇嗣，这更是过分之举，刚刚生下来的皇子就立为太子，哪有保证呢？可惜，这个孩子很倒霉，第二年正月二十日就因为出天花而殇逝了，仅仅活了100天。可怕的天花，不仅夺去了荣亲王的性命，也使他失去了即位的大好机会。另一位是乾隆帝第七子永琮，这个孩子的生母是孝贤纯皇后富察氏。孝贤纯皇后的第一个儿子永琏在乾隆元年被册立为皇太子，秘密诏书被放在正大光明匾后面的谲匣中，可惜这个孩子9岁就殇逝了，孝贤纯皇后非常伤心。到乾隆十一年四月，她又生一个皇子永琮。乾隆帝再次秘密立为储君，可惜，到第二年的大年三十，这个永琮出天花病逝了，此后孝贤纯皇后抑郁寡欢，年都没过好，到第二年三月十一日也一病归天了。

第二，丧失了亲政的机会。这个人就是同治皇帝。他6岁即位，两宫皇太后慈安和慈禧垂帘听政。他的生母慈禧太后对权力欲望十足，一直不肯放手，一再推迟同治帝大婚婚期，直到同治十一年才为他举办大婚典礼，那时他已经17岁了，至少推迟了3年的时间。而且，大婚之后并没有让他亲政，到同治十二年正月二十六日，慈禧才放权给他。可是，仅仅过去一年，到同治十三年十一月初十，由于同治皇帝出天花，慈禧和慈安再次垂帘听政，一个月后，同治帝病逝。所以，同治皇帝好不容易得到的权力被天花无情夺去了。这正好给了贪权的慈禧一个机会，大清朝的权柄再次落入慈禧手中。

第三，丧失了皇子们的美好前景。清宫中的皇子成活率极低，大部分婴幼年就夭折了。比如，顺治帝的八个皇子中有四位幼年夭折，有专家考证，大部分死于天花，丧失了宝贵的生命和大好的前程。不仅如此，那些成年的皇子们对天花也同样没有免疫力。比如，多尔衮的同母弟弟豫亲王多铎，一生驰骋疆场，健壮无比，可是，顺治六年三月十八日，北方天花流行，已经36岁的多铎未能逃过此劫，不幸感染天花病毒，病情凶猛，很快就病逝了。多铎的命运如此，难怪顺治元年，多尔衮令政敌肃亲王豪格率军入关，出发前，豪格害怕地对人说：“我还没有出痘

◁ 多铎像

呢，这次出征，恐怕是凶多吉少了。”可见，天花给这些皇子们留下了阴影，挥之不去。

孝庄的后遗症

顺治十四年，是孝庄太后一生中最伤心的一年。因为，这一年的十一月她面临着一场生与死的考验，她不幸染上了可怕的天花。天花病毒在冬季和春季最流行，在孝庄太后45岁的时候侵染了她的身体。

因为病情重大，这个时候，她最亲近的人都来了：皇帝来了，顺治帝虽然最惧怕天花病毒，但是在以孝治天下的思想指导下，他一刻都不敢离开，生怕母后什么时候就离开人世。王公大臣来了，不仅爱新觉罗宗室的王公轮番入内，就连两黄旗大臣鳌拜、遏必隆也是昼夜服侍。这使面临生命考验的孝庄略感欣慰。可是，她在与病魔作斗争、在静下心来思考的时候却倍加伤心，这是为什么呢？

不喜欢的人总在眼前晃动。这个人会是谁呢？总在她的眼前晃动干什么？这就是董鄂妃。孝庄最不喜欢这个女人了，因为这个女人打乱了自己的全盘计划，尤其是这个女人生下了顺治帝的第四子，顺治帝立即宣布大赦天下，并立为皇储，自己苦心经营的顺治帝婚姻化为泡影。她太讨厌这个女人了。可是，身体虚弱的董鄂妃不顾感染天花病毒的危险，昼夜侍奉，自己能说什么呢？只能伤心。

喜欢的人就是不来。这个时候，孝庄最想见的人是她一手册立的中宫皇后，也就是自己的侄孙女博尔济吉特氏。当时，为了让她进宫，孝庄绞尽脑汁，都得罪了顺治帝。可即使这样，在这个最关键的时候、在这个生离死别的时刻，都不来探视婆婆，这难道不让孝庄伤心吗？那么，皇后为什么不来侍奉婆婆孝庄呢？皇后心里清楚，自己不去探视婆婆除了惧怕传染之外，当然还有一个重要原因，当年也就是顺治十二年自己出天花的时候，婆婆和皇帝等人都没人来探视，那时候自己一个人也是很伤心的啊。要不怎么说孩子小不懂事呢？那个时候的皇后年仅 14 岁，还是个孩子。

最让孝庄伤心的事还是顺治帝趁火打劫。正在这个关键时刻，自己无能为力，顺治帝居然在顺治十五年正月悍然废后，这不添乱吗？废后那可是天大的事情，当年，因为废后闹得满朝风雨，朝野内外可说是鸡犬不宁。这个中宫皇后虽然有些不太懂事，但那是自己精心安排的啊。孝庄伤心之余，决定强力干涉，于是，她拖着病弱之躯，召见顺治帝，表明自己的态度，绝对不允许废掉皇后。最终，顺治帝勉强听从了太后的建议，但还是把皇后的签字权取消了，实际上就是名存实亡的皇后了。

孝庄留下了后遗症。孝庄的天花后遗症倒不是满脸的大麻子。一般认为，出天花会在脸上留下麻子，但孝庄没有。可是，孝庄痊愈之后得了皮肤病，这是让她没有想到的事情。皮肤病发作的时候，瘙痒难耐，寝食不安。所以，她不得不定期前往温泉疗伤，去小汤山温泉、赤城温

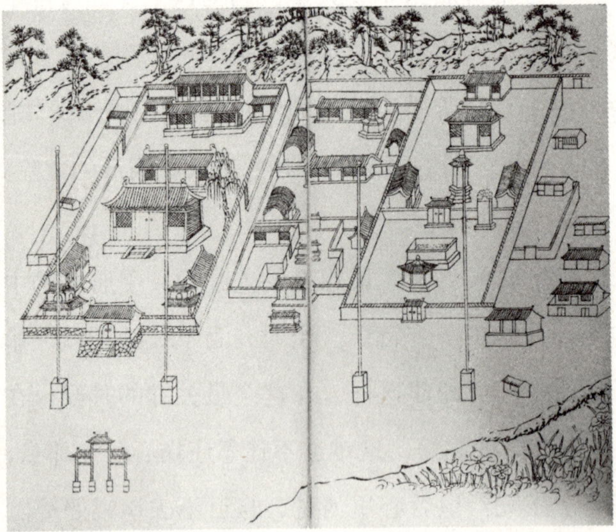

◁ 汤泉图——孝庄坐汤之地

泉、遵化汤泉。尤其是遵化汤泉，孝庄曾经三次前往，分别是康熙十一年、康熙十七年、康熙二十年。仅康熙十一年，孝庄就在遵化汤泉住了73天。尽管如此，但病情仍时有反复，所以，皮肤病也成了她的一块心病。皮肤病伴随了她三十多年，直到康熙二十六年十二月，她还是由于这个病情发作，被夺去了生命。

『大行』之前

什么叫“大行”呢？就是隆重上路。古人去世之后，人们认为会有两条路可走，一是升入天堂，进入西方极乐世界，这就是所谓的“大行”；二是下地狱，古人认为，那些恶贯满盈之人，死后必会遭报应，被贬入可怕的地狱，忍受疾苦。那些帝王后妃们认为他们不会下到地狱里面去，一定升入天堂，一定会大行。帝王后妃生前非常重视身后之事，大行之前定会准备好一切，以到另外一个世界继续享用。

准备“旗材”

清代皇家的棺材，既沿袭了入关之前本民族的特征，又在一定程度上吸收和融进了汉文化，同时，也夹杂有宗教的内容。满洲人有旗人之称，所以，他们的棺材又叫“旗材”。这些旗材是我们认识和了解清代宫廷秘史的重要实物资料。总结起来，我们概括出如下特点和规律：

一是浓郁的民族特点。说它具有民族特点，是与汉材相比较而言的。

如明嘉靖皇帝的棺具是直帮平顶，前大后小的形制。而清代皇家棺具则“盖如屋脊，中间隆起，两边倾斜，内部高大。棺头置一木质葫芦，挂整貂一具”。这种棺具的形制，在满洲称为旗材。入关前，游牧民族的满洲出于实际的需要，在棺具末端置一葫芦，挂一些狩猎品来祭奠先人。入关后，虽然仍在棺具中保留了葫芦，但已失去了它的实际用意。

二是复杂而森严的等级特征。入关以后，满洲贵族很快吸收了汉文化的精华。在棺具的制作过程中，体现出了森严的等级制度。在选材上，楠木、杉木的区别使用；在漆饰中，三六九等不同待遇，以及内棺衬布的细微区别等，都体现了等级制度的森严：

选材上的区别。皇帝、皇太后、皇后、皇贵妃、皇太子用金丝楠木；贵妃、妃、嫔、贵人、常在、答应等用杉木。

漆饰上的区别。皇帝、皇太后、皇后漆饰 49 次，皇贵妃金棺漆饰 35 次，贵妃、妃、嫔、贵人、常在、答应及众皇子、皇子福晋的外棺均漆饰 15 次，皇太子与皇贵妃一样为 35 次。

颜色上的区别。清代皇家棺具最外层漆饰，为代表等级的最终之漆，因而非常重要。文献中明确记载了各级棺具的外层漆色：列圣、列后浑

▷ 香妃棺椁

饰以金；皇贵妃髹以黄，绘金云龙纹；贵妃髹以金黄，绘金云龙；妃嫔髹以金黄；贵人、常在、答应皆髹以朱；皇太子髹以黄，绘金云龙纹；皇子髹以朱，绘金云龙；福晋髹以金黄。

称谓上的区别。清代皇家的棺具，不仅外观有明显的区别，在称谓上更是细细区分。帝后之棺称为梓宫，其中包括太后或太皇太后，而皇贵妃、贵妃、妃、嫔的棺具称金棺，贵人、常在、答应则只可称为彩棺。

在棺具的体量上，则等级越高，棺具越高大；反之，则低矮。这是其明显的外部特征。

三是宗教内容的重要体现。清代皇家崇信佛教，已毋庸置疑。但在棺具制作上对宗教的反映，则只能通过实物来验证。从档案中知道，其棺具内的数层棺衬，均有陀罗尼经；在实物中，我们发现，慈禧、乾隆帝、淑嘉皇贵妃内棺表面均雕有番文金刚经咒等，这些都是佛教内容在棺具中的反映。如寿安固伦公主彩棺内“缮写西番字样”，道光帝常嫔内棺“缮写四天王咒”，康熙帝惇怡皇贵妃“写喇嘛字”。清末慈禧太后的内棺同样书“西番四天王咒”。四天王咒的摆布形式，则是根据棺椁入葬地宫之后的实际方向而定，棺之南为南方增长天王咒，北为北方多闻天王咒，东为东方持国天王咒，西为西方广目天王咒。

四是高超的工艺水平。毫无疑问，皇家的棺具，尤其是帝后的梓宫，是清王朝丧礼中众臣拜祭的中心，按照事死如事生的原则，一定是制作精良。由内务府、工部等相关部门选择天下精良的物料，再由技艺高超的工匠精工细做而成。所以，这些棺具在一定程度上代表了当时最高的工艺水平。就已发掘的棺具来看，乾隆帝内棺为凸雕经文，是一件十分难得的剔红作品。慈禧内棺为阴刻，然后填金，华丽无比。

置办寿衣

清宫的主位们去世之后，采用民间的办法，穿戴整齐下葬。但是，清朝后宫的帝后妃们，在丧葬这个问题上，比较理智地消费。相对于明朝，清朝的宫廷丧葬是比较简朴的。比如，在烧衣这个问题上，皇太极就明确规定，不许给死人烧掉很多衣物，尤其不准给死人单做新衣服烧掉，一旦被举报就要惩罚。皇太极认为，死人固然要重视，但是还要以活着的人为主。后来，清朝宫廷采取了一个灵活的办法，烧纸衣，上面坠假珍珠。这样，既表达了对逝者的尊敬，又没有浪费财物，两全其美。

清宫的寿衣与平时穿用的衣服一样，由内务府采办，同样由三个织造局筹办，即江宁织造、杭州织造、苏州织造。下面我介绍几位清宫主位的寿衣情况。

一是慈禧的寿衣。慈禧太后生前有很多华丽的衣服，死后能不能用呢？那是绝对不会用的，是要烧掉的。她专门为自己准备了百年后的衣服，即寿衣。她委托江宁织造和苏州织造，为自己准备了三件寿衣：两件是袍子，一套是上下合体之衣。那两件袍子，其中一件是死后她穿在最外面的，真是太不一般了。主要是超越了规制，完全按照皇帝龙袍的做法——她还真的把自己看成一位帝王了——在袍子的各个部位绣上了后妃龙袍不应有的十二章。我介绍一下十二章：关于十二章纹的最早而又全面的记载，是《尚书》。这个十二章只有皇帝的龙袍才有。《清史稿·舆服》记载“列十二章：日、月、星辰、山、龙、华虫、黼、黻在衣，宗彝、藻、火、粉米在裳，间以五色云”，代表只有帝王才具有的一切。十二章图案是用于赞美帝王聪慧、文治武功等方面具有的非凡能力，每一章纹饰都有取义。日、月、星代表三光照耀，象征着帝王皇恩浩荡，普照四方；山，代表着稳重性格；龙，是一种神兽，变化多端；华虫象征皇帝“文采昭著”，有不同寻常的气质；黼，为斧头形状，象征皇帝做事干练果敢；黻，为两个“己”字相靠背的图案，代表着帝王能明辨是非，有知错就改的美德。宗彝，是古代祭祀的一种器物，象征帝王忠、孝的美德；藻，象征皇帝的品行冰清玉洁；火，象征帝王处理政务光明磊落；粉米，象征着皇帝给养着人民，重视农桑。不仅如此啊，慈禧的这件寿衣还有一个连帝王都不如的地方，就是上面绣了好多佛字，就这一点，可以说这件寿衣是天底下独一无二的。而且，这还不算，这件寿衣的很多地方还缀上了大珍珠。真是太珍贵、太华丽了。慈禧最里面的那件寿衣是合身而成的两件，上衣绣满福字，下衣则绣满了寿字，上下正好合为福寿。每个字上面分别缀上一个大珍珠。慈禧在这方面动足了脑筋。

二是乾隆帝的寿衣。嘉庆四年正月初三，乾隆帝去世。这个享尽荣华的太上皇穿戴怎样的寿衣呢?

不戴朝冠戴佛冠。档案记载，乾隆帝头戴天鹅绒绣“佛”字正珠顶冠。

身穿棉衣下葬。查阅乾隆帝白事档，发现乾隆帝的寿衣都是棉衣，比如龙袍里面套着鱼白纺丝小棉袄。

明显的民族特色。从乾隆帝的寿衣上的饰物来看，具有明显的满族特色。比如，随身配饰大荷包一对、小荷包一对、火镰一把、小刀一把。

至于乾隆帝的那些华贵的朝服，则放置在了他的身边，陪伴着他。还有一点需要注意，由于乾隆帝活了 89 岁，生前衣物太多，需要做处理：一部分作为寿衣随葬梓棺内，一部分作为“遗念儿”赏人。除此之外，绝大部分都在名目繁多的祭祀礼中烧掉了。从嘉庆四年正月十一头次焚化礼开始到一周年礼，共分 19 次，烧掉了成百上千件豪华的衣物，令人瞠目结舌。

△ 温僖贵妃的寿衣

三是温僖贵妃的寿衣。温僖贵妃是康熙帝的嫔御，她是辅政大臣遏必隆的小女儿，生前地位煊赫，姐姐是康熙帝第二位皇后孝昭仁皇后。温僖贵妃很得宠，曾经一度执掌后宫大权长达5年之久。康熙三十三年，贵妃去世，葬进景陵妃园寝。贵妃的葬衣非常华丽，共发现三件寿衣：最外面是攒金绣八团云龙纹龙袍，构图细腻精巧，龙纹动感强烈；中间是暗云纹地挖织金寿字缎窄口圆领女衣，整件衣服上面织满寿字，共300余金寿字；最里面是暗花绫窄口圆领女衣，暗花绫上装饰着梅花和兰花等图案，三件寿衣从里到外，叠加有序。除此之外，贵妃还有两件葬衣：一件是附体内衣，素缎织金锦窄腿两腰袴，斜裆，平裤口；一件是折枝花暗花缎云龙纹织金锦宽襕女朝裙，上部为折枝暗花缎，下部为织金五彩云龙纹锦缎，构图精细饱满。贵妃的两足着朝靴，里面是缠枝莲织金女袜，外罩织金朝靴，上面均有云龙纹装饰。

四是香妃的寿衣。香妃是乾隆帝后宫中唯一的维吾尔族女子，乾隆五十三年四月十九日，香妃去世，终年55岁。香妃去世后，乾隆帝没有按照伊斯兰葬礼为她安排后事，而是按照满洲的习俗，给她穿戴整齐下葬的。档案记载，香妃身穿三件寿衣：绣杏黄缎绵蟒袍一件、缂丝八团云水褂一件、桃红缎锦衫衣一件。同时，还陪葬了两套寿衣和大量奇珍异宝。

诡异的"陀罗尼经被"

陀罗尼经有很多种，它是密宗佛教的一种经咒。仅以《大悲心陀罗尼经》为例。诵读此经者，会得十大利益：除一切病，延年益寿，常得富饶，灭一切恶业重罪，增长一切功德，远离一切恐怖，成就一切善根等。还有，就是常诵此经，十五种恶死的情况都不会发生：不饥饿而死，不仗刑而死，不被仇家杀死，不在阵前而死，不被虎狼而死，不被蝎蛇而死，不为水火而死，不为疾病而死，不为毒药而死，等等。

以陀罗尼经为内容的被子称为陀罗尼经被，这种被子是一种非常诡异的被子，据说它有很神奇的功用。概括起来，有几种：

一是镇宅。由于陀罗尼经的广大神通，陀罗尼经被若挂在宅子里面，通常认为会具有镇宅功用，能够驱除邪恶，百恶不侵。

二是送福。陀罗尼经被如果盖在活着的人身上，将会给他带来福音，可以保一生平安，延年益寿，不受罪恶侵扰。

三是超度。陀罗尼经被的最大用途，也是最广泛的用途，同时也是被古今认可的用途，还是给逝者覆盖尸体。古人认为，一旦这种经被覆盖身体，就会很快承受佛的力量，能够马上化罪孽为吉祥，转罪孽为功德，远离一切痛苦，迅速往生西方极乐世界，或转入人间富贵，总之，可以超度逝者，一切向好。

陀罗尼经被在清朝被广泛利用。可是，并不是每个人都有资格或者敢于使用陀罗尼经被的。清朝规定，陀罗尼经被要奉旨使用，没有皇帝

▷ 慈禧太后的陀罗尼经被局部

的命令，谁也不准随意使用这种神奇的经被。这就难怪了，到目前为止，我们发现的或出土的陀罗尼经被非常稀少。

乾隆帝的陀罗尼经被。2008 年，北京迎春拍卖会上，拍出了一件乾隆帝的陀罗尼经被。这件缂丝陀罗尼经被长 2 米，宽 1.38 米，呈古铜色，用细羊毛捻丝制成。工艺采用双面缂。缂丝代表了中国丝织工艺的顶峰，而双面缂又是缂丝中的极品。这件陀罗尼经被上共有四种文字，主体是一座佛塔，塔内缂满梵文陀罗尼经经文，塔周围有精美繁复的花纹。这件陀罗尼经被上标有“左肩”“右肩”“左脚掌”“右脚掌”的字样，显然是根据死者的身高尺寸定做的。最终，这件珍贵的经被以 6550 万元人民币高价拍出。大家可能很奇怪，这不就是一件丝织品吗？它真的值这么多钱吗？在我们的文物库房，保存着一件慈禧太后的陀罗尼经被，让我们走近这件历经沧桑的文物，揭开陀罗尼经被的神秘面纱。

慈禧的陀罗尼经被幅面很大，是迄今为止发现的最大的陀罗尼经被。它宽 2.74 米，长 2.8 米，基本呈正方形。这件经被是江宁织造进奉给慈禧太后的，是真丝加真金捻线，明黄色缎。由于幅面宽大，织工复杂，需要五个熟练织锦工人同时操作，历经数年方可完成。这件经被有很多神奇之处：

第一，上面缀有大量东珠。东珠乃珍贵之物，在清代不许民间使用。这件经被上面的东珠居然多达 820 颗，华光闪闪，当时就估值 16 万两白银。

第二，上面织有大量汉字。一般来讲，陀罗尼经被上面的文字，不用汉字，都用梵文书写。而慈禧的经被都用汉文，世所罕见。我们统计，这些文字的数量非常巨大，达到了 25000 个。

第三，采用织工绣字。一般陀罗尼经被上面的经文，都是采用朱砂印文的形式，从来没有采用织工绣字的形式。大家知道，印文相对容易，而织绣文字就复杂麻烦多了，况且，织绣的不是梵文，而是方方正正的汉字，就更复杂了，稍不注意，就会把文字给织变形了。

第四，超越的十二章。十二章纹，是中国帝制时代的服饰等级标志，一般来讲，只有帝王的服饰上面才会出现完整的十二章纹饰。绘绣有章纹的礼服称为“衮服”。慈禧虽然不是帝王，可是她的陀罗尼经被上面，却有完整的十二章纹饰，显得极为超越。

就是这件弥足珍贵的陀罗尼经被，在慈禧去世之后，被覆盖在尸身之上，意图帮助慈禧超度，使其尽快进入西方极乐世界。可是，在 1928 年 7 月，流氓军阀孙殿英掘开慈禧地宫，毁棺扬尸，至于这件弥足珍贵的经被，兵匪只是拆走了全部 820 颗东珠，丝织品被随手扔掉，幸亏他们不识货，把这件织物精品留给了我们。

压住舌头

“压住舌头”，简称“压舌”。什么叫“压舌”呢？就是为死人准备一些物件，等到去世之时，塞进嘴里，把舌头压住。这是我国古代一种普遍的丧葬风俗。

大家可能很奇怪，人去世之后，为什么要把舌头压住呢？原因有三：一是压住舌头，免得死者到另外一个世界里惹口舌之灾。不是有人说过这样的话吗？“舌头是万恶之源。”好多人的灾祸都是舌头惹的，所以，古人认为把舌头压住就好了。二是不让死者做饿死鬼，晚辈为了孝敬逝者，将物品塞进死者的嘴里，免得死者在黄泉路上太过饥饿，所以，压舌也叫“饭含”，就是给死者吃饭。三是在嘴里含上珠玉等珍贵之物，可以起到防腐的作用，古人认为，人体有七漏：鼻子二、耳朵二、嘴一、生殖一、肛门一，人去世之后，都要塞上，可以使之不腐烂。

所以，在我国古代，上自皇帝，下到黎民百姓，去世之后，都要压舌。东北关外的满洲平民死后，多含乾隆钱，贵族、官吏则含珠玉、金木屑、金银屑、银屑等。清代皇族则根据等级、地位而殊有区别。难怪雍正九年九月，雍正帝在中宫皇后乌喇那拉氏咽气之前，匆忙下旨，要前去为皇后压舌，可是遭到王公大臣的一致反对。雍正帝很生气，说：“我一定要去，我和皇后在一起生活40多年了，感情至深，我一定要送她最后一程。”王公大臣中的一位说道：“即使如此，皇上您也不能去。”雍正帝怒道：“为什么？你说！”回答道：“这人在咽气之前，最后一口气是她一生中最龌龊的，活人最忌讳喷到身上。皇上您前去压舌，这最后一口气如果喷到您身上，那可就麻烦了。”雍正帝是非常迷信的，所以，即使他和皇后的感情很深，一旦涉及了切身利益，也会望而却步。他果然听从了劝告，没有前去压舌。

乾隆帝的压舌。乾隆帝去世之后，他口中放了一个特殊的压舌，那就是知了。这个压舌用汉玉片琢成，线条流畅，简洁大方。他为什么用知了压舌呢？原因有二：一是知了冬季蜕皮，寓意金蝉脱壳，具有灵活多样的应变能力；同时，也寓意轮回转世，正好迎合了皇帝的心理诉求。

二是知了也叫蝉，而“蝉”和“禅”同音，暗喻佛教。乾隆皇帝最信奉佛教，难怪他要用玉蝉压舌了。

慈禧太后的压舌。慈禧的压舌是一颗大大的夜明珠。1928年，孙殿英盗掘慈禧陵，有段文字描写道：“她的口中含有一颗很大的夜明珠，这颗珠子分开是两块，合拢就是一个圆球，分开时透明无光，合拢起来则透出一道绿色的寒光，夜间在百步之内可照见发丝。”这段描述，足见这颗夜明珠的价值。为了取出这颗珍贵的夜明珠，盗陵兵匪大费周章。他们想掰开慈禧的嘴，可是，死人牙关紧闭，就是不开口。他们把慈禧倒挂，大头朝下，拍打身体，还是不吐出来。焦急万分的兵匪恼羞成怒，便在慈禧的脸部刺了一刀，在刀口处取出了夜明珠。盗案发生后，全国哗然，民国政府追究盗陵犯，孙殿英为了摆脱麻烦，将价值连城的夜明珠送给了蒋夫人宋美龄，因为是两瓣的珠子，宋美龄把它缀在了两只拖鞋之上。

△ 乾隆帝压舌玉蝉

神秘的“镇墓”

清宫中的那些主子们生前要做一件非常重要的事情，这是为自己做的，但是这件事不能大张旗鼓去做，要秘密去做，还要亲自去做。什么事呢？就是到自己陵寝中去实施镇墓行动。什么叫镇墓呢？就是向陵寝中的金井中投放镇墓珍宝，目的是防止陵寝将来被人盗掘。这件事并不是每个主子都能够实现的。只有那些有权有势的人，才能够实现。下面，我以慈禧太后为例，看看她是怎么去镇墓的。

我先解释一下金井，因为慈禧镇墓的地点就在金井那里实施。什么是金井呢？其实就是穴位，直径大概 15 厘米，深度是 150 厘米左右。这个金井是竖向井，是慈禧棺材压住的地方。这个地方之所以被称为金井就是因为它至关重要，可以沟通阴阳，具有深不可测的作用，具有黄金一样的价值。为了防止将来陵墓被盗，慈禧在里面投放一些珍宝，作为镇墓之用，以防不测。

慈禧生前共向她的金井投放了六批珍宝，而且是亲自投放，是秘密前往的，这样她才放心。一份重要档案《菩陀峪金井安放账》中记载：

第一次是光绪五年清明节，慈禧亲临金井投宝。这年她 45 岁，清明节这天她把自己的儿子安葬在了惠陵，心情十分烦乱，于是想起了自己的陵寝，亲自向金井中投放了一批珍宝。有一副金镯子和一副绿玉佩。

第二次是光绪十二年清明节，慈禧亲临金井投宝。她太郁闷了，16 岁的光绪帝就要亲政了，所以，她再次在清明节这天亲自向她的金井投放珍宝。

第三次是在光绪十六年清明节，慈禧亲临金井投宝。这一年实在是太特殊了。一个是光绪帝刚刚举行了亲政典礼，慈禧危机感顿生。更重要的是一直对自己忠心耿耿的醇亲王奕譞在光绪十六年病死了，他不仅是光绪帝的父亲，还是自己的亲妹夫。慈禧烦死了，又想起了自己的金井，于是，在清明节这天亲自前往金井投宝。这批宝贝之中有一件不同寻常，可以说是慈禧最喜爱的宝贝。究竟是什么呢？档案记载，此一件为正珠手串，共 18 颗大珍珠，小正珠 4 颗，上面附有各式宝石，有红碧玺、绿玉、珊瑚、茄珠等，慈禧一直戴在腕子上。慈禧忍痛把这件宝贝摘下来投放在金井里面，是下了一番决心的。可是，就是这件宝贝，在 8 年后，即光绪二十四年，竟意外地被慈禧命人给取出来了。自此之后，慈禧居然 12 年没有再向自己的金井中投宝，究竟是为什么呢？

两个原因：一是这段时间是她与光绪帝较量的关键时间。光绪帝不断改革，令慈禧十分不安，形成了帝党和后党之争，最终自然是慈禧胜利了，变法被扼杀了。之后，又经历了一次慈禧最艰难的西逃之旅。之后，慈禧又想废掉光绪帝，立另一个大阿哥，一直忙碌。二是她的陵寝正在重新修建，那里是一派繁忙的工地。

第四次是光绪二十八年清明节，慈禧亲临金井投宝。已经 68 岁的慈禧想起了她的金井，这一次，是她最后一次来到自己的陵寝，对慈禧

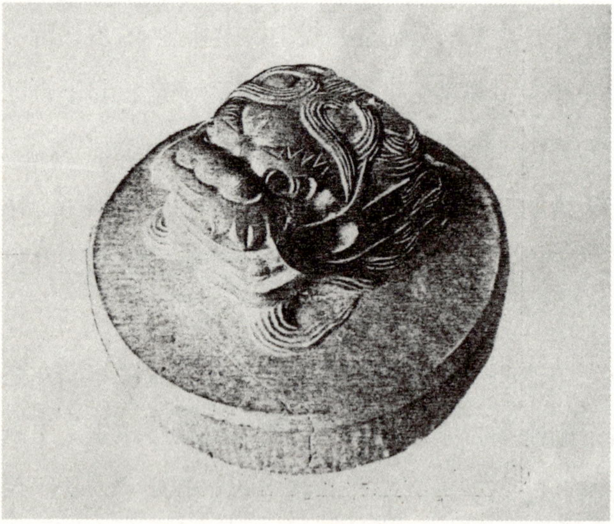

◁ 金井盖

来讲意义不同寻常。自光绪二十一年，慈禧陵重修开始，她还没有来过，虽然此时工程还远远没有结束，但是她也想看看到底建成什么样了。视察完工程之后，慈禧走向她的地宫金井，又一次向其中投宝。

第五次是光绪三十四年十月十二日，慈禧死前10天，慈禧派庆亲王奕劻到金井投宝。慈禧过完她的74岁生日，一直拉肚子。她对自己的身体有一个估计，她对将来怎么安排呢？赶紧关注金井吧，如果再晚就真的来不及了。十月十二日，慈禧去世前10天，她特地点了一个人去向金井投放了十件宝贝，这个人就是奕劻。实际上，慈禧这次是使用了一个调虎离山计，把狡猾的奕劻调出了京城。因为慈禧预感到自己将不久于人世，山雨欲来，赶紧把奕劻这只老虎调离京城，免得这个时候奕劻兴风作浪，使得大权旁落。《清代通史》记载："或曰，有意出之。"说的就是这件事。

第六次是光绪三十四年十月十五日，慈禧死前7天，慈禧又一次派出了内务府大臣到东陵向金井投放珍宝。第五次和第六次投放的宝物，基本上是佛珠和佛像，把小小的金井给塞满了。慈禧这才放心了，因为这些珍宝都是自己精挑细选的。用这些宝贝镇墓，将来陵寝就不会被人盗掘了。

可是，令人意想不到的事情发生了，即慈禧苦心向金井投放的珍宝居然有两次被取了出来。一次是在光绪二十四年，慈禧派人取走了光绪十六年投放的那串正珠手串，是叫内务府的人来东陵取走的，行动很神秘。据说，后来慈禧在接见外国公使夫人时亮出了这件宝贝，华光闪闪，把旁人都看呆了。另一次是在宣统元年，就在慈禧棺材入葬地宫之前，居然有人从金井之中取走了所有珍宝。这件事真是太奇怪了，因为这些宝物就是慈禧用来镇墓防止将来被盗的，而且不要说慈禧了，就是其他妃子墓的金井之内的宝物，也不许拿出来，这是规矩啊。究竟是谁这么大胆，竟敢取出慈禧金井内的宝物？清宫档案《孝钦显皇后升遐记事档》明确记载“宣统元年十月初四辰初，载瀛恭收金井内陈设”，就是说，载瀛取走了慈禧生前六次向金井中投放的全部珍宝。载瀛是一个宗室贝勒，擅长书画，他是奉了谁的命令？要知道，金井内的珍宝是不能取出来的，1980 年 6 月 15 日，清西陵清理光绪崇陵地宫金井的时候，金井中的珍宝就全部都在里面。可见，金井之中的珍宝是不能动的。但是，慈禧金井中的珍宝为什么被人取出来？这至今还是一个未解之谜。躺在棺材之中的慈禧一定会十分关注这件事，自己苦心安排的六批金井中的珍宝，被人给拿走了，没有了镇墓之宝，自己还安全吗？

出殡送魂

帝后妃去世之后，尸体连同珍宝被装进棺材。之后，这个棺材就成为众人瞩目的焦点。开始停灵在紫禁城，之后出殡。停灵在殡宫，也就是临时停灵场所。出殡是到陵寝，再之后才是择期下葬。皇家的棺材停灵待葬期间的繁文缛节，令人眼花缭乱。人们都盼望着赶紧下葬，不然实在是太麻烦，也太费神了。

“停不起”的灵柩

皇帝去世之后，并不马上下葬，而要停灵在不同的地方，供人们行礼。

第一，在正殿停灵。停棺于正殿的主要目的，还是皇家便于祭奠大行皇帝。嗣帝就主丧位，缟素；皇后、妃嫔、宫人、皇子、公主、皇孙、福晋及近支王公等于几筵殿内，行殓奠礼。殿外，诸王公福晋、夫人、郡主、县君以上于丹墀右，三品淑人以下于隆宗门外，齐集哭临。百

△ 慈禧太后出殡

官中，旗员居阙左门外，汉员于各官署行礼致丧。行礼的仪式繁杂，朝晡、日中三设奠。朝晡进羹饭肴馔，午奠进馔筵，就好比皇帝还活着一样，进行侍奉。此外，要选择日期行殷奠礼。大行梓宫停灵于乾清宫的时间长短不一，这要根据具体情况而定：世祖 25 天、圣祖 20 天、世宗 18 天、高宗 20 天、仁宗 18 天、宣宗 18 天、文宗 11 天、穆宗 17 天、德宗 11 天。

第二，"小出殡"。停灵结束之后，就要起灵，即梓宫移往殡宫，我们称为"小出殡"。小出殡要行启奠礼。当大行皇帝梓宫由乾清宫移往殡宫时，嗣帝要恭送，但各朝情况不一。圣祖送世祖时，由于孝庄文皇后的关照，圣祖只出东华门，便由另道乘轿前往寿皇殿等候。世宗送圣祖时，世宗步送到景山寿皇殿，这一步送制度，为以后历代帝王所效法。高宗送世宗时，扶棺步行至雍和宫，为清帝送灵最远者。仁宗送高宗、宣宗送仁宗，均步行到观德殿。文宗送宣宗时，因路途较远——殡宫设在圆明园，更由于文宗素有腿疾，文宗便步送到地安门外，乘舆由另道前往圆明园大宫门外跪迎。穆宗送文宗时，小皇帝只有6岁，自然效法康熙帝，扶棺步送出东华门，由另道乘舆预往殡宫等候。梓宫在移送的过程中颇费人力。世祖、圣祖、世宗时，大驾卤簿前导，高宗以后为法驾卤簿。卤簿可以说是梓宫出殡时的庞大仪仗队，由于内容众多，在此不再赘述。卤簿之后为丹旐，世宗以后以引幡代名。舁旐、幡的人分为6班，每班32人，由部院官、内务府官各4人，共8人管辖。旐、幡之后为梓宫，梓宫的抬运是关键，首先要讲究排场，但又因受条件的限制，如果用人太多，出门过桥则摆布不开，因而要预设大舆和小舆。在京城之内，大舆80人，小舆32人。由乾清宫到景山分为6班，每班80人。这些抬棺之人，首班末班用銮仪卫、校尉，以示庄重齐整；其他班次之人，从五城之内选用健壮的青年民夫，发给衣和鞋，令其洗澡，衣服用红绣团花，头戴插黄翎毡帽，称为逊衣或驾衣。梓宫所过门或桥，都要祭酒，焚香钱。在殡宫大门外，还要预设鹰和狗，这可能与满洲早期习俗有关，带有满洲特色。

第三，在殡宫停灵。清帝的梓宫停留在殡宫，时间长短不一。世祖2年2个月，圣祖近4个月，世宗1个月，高宗6个多月，仁宗6个月，宣宗10个半月，文宗1年，穆宗10个半月，德宗4个半月。可以这样说，梓宫在殡宫停放时间越长，嗣帝去行礼上香的机会就越多，尽孝的次数也就越多。可是，梓宫不能无限期地停留在殡宫，当陵寝工程完毕之后，钦天监就要择日选时，而清廷就要安排出殡日期了，我们称为“大出殡”。

第四，“大出殡”。梓宫出殡前，要做好充分的准备，首先要准备好32人小舆及80人大舆、128人大升舆。然后要选用抬棺的匠役——从京畿选用。由世宗到清末，俱选用7920人为抬棺夫役。这些年轻的夫役一旦被选中，要发给衣、鞋、帽，并给予银两。数百里的送殡路程，恭送人员是十分辛苦的。所以，世祖出殡时，王公大臣引用古礼，阻止玄烨亲送宝位，当时的孝庄文皇后也极力阻止，所以玄烨未能亲送宝宫至陵。自世宗开始，清帝打破了这一制度，均能亲送梓宫至陵。可是同治年间，咸丰帝出殡时，两宫太后接受了王公大臣的奏请，以同治帝年幼为由，引用古礼，阻止了同治帝亲送梓宫到东陵隆福寺，两宫太后及同治帝均在东直门外向咸丰帝梓宫辞行。然而，光绪年间，穆宗帝后梓宫出殡，两宫太后却未接受王公大臣的请求。年幼的光绪帝被迫亲送，备受劳顿之苦。出殡时，由于恭送人员众多，身份又不同，要修有不同的道路，称为御路。凡御路所经，无论什么建筑都要拆除，黄土铺垫，以备应用。梓宫所走路线为一条，人员众多，路宽而平坦；皇帝走另一条路。在梓宫启行后，皇帝走另路，提前到芦殿等候，一旦灵驾到来，要跪迎；皇太后、皇后等女眷，要在灵驾启行后，瞻望，俟灵驾走远，随后而行。关于卤簿仪仗，出殡时备有两种：一为法驾卤簿，一为骑驾卤簿。法驾卤簿使用于京城内停棺之所，以及殡宫、芦殿、暂安处、陵寝大红门内、陵寝隆恩殿前。也就是灵驾停驻时，要设法驾卤簿。骑驾卤簿设于送殡队伍的前方，有起自京城内的，也有设在第一站芦殿后的，总之，是灵驾在行走过程中的卤簿。法驾卤簿在用后要交归陵寝大臣妥为保管，遇有大事时，在陵寝内使用。骑驾卤簿在灵驾到后第二日的飨奠礼后，随同楮钱与冠服一同焚化。从京师到东陵、西陵，一般分作 5 程，每程一个芦殿，日暮以后，停棺其中，凡遇雨也停驻在此，或临时扎搭罩棚。芦殿，称黄布城、黄幔城、黄网城等。灵驾到时，陈卤簿于门前，皇帝率王公大臣，跪于北门外，灵驾由北门进，奉灵驾于殿内正中，陈册宝于左右案上，行夕奠礼。早晨行朝奠礼后，皇帝跪送灵驾启行。灵驾所过御路，两边百里内文武大臣，预先跪迎于路右百步外，候灵驾过，随至宿次，在黄幔城外行三跪九叩大礼。夕奠礼时，文官在正蓝旗末，武官在镶蓝旗末。灵驾过门桥时，要派内大臣两人轮流祭酒，焚楮钱。

第五，在陵寝停灵。灵驾到东陵、西陵，其梓宫并不马上入葬地宫，要暂时安奉。世祖宝宫安奉于陵寝内芦殿之中，圣祖、世宗、高宗、仁宗、宣宗安奉于陵寝隆恩殿正中，文宗、穆宗安奉于隆福寺殡殿正中。安奉时间长短不一，多者数年，少者仅几天，如高宗 10 天、仁宗 7 天，而穆宗梓宫则安放多达近 5 年的时间。

实在是太麻烦了，经过这么一通折腾，才下葬到地宫之中，人们早就精疲力竭了。

屈死的冤魂

乌喇那拉皇后，乾隆帝的第二位皇后。我们看《还珠格格》知道，这是一个很得宠的女人。她生育了三个子女，经常跟随乾隆帝出去游山玩水。在乾隆三十年那次出游时，发生了有名的“剪发”事件，结果乌喇那拉皇后命运急转直下，被打入冷宫。这一事件在前文有详细叙述，此处不再展开。

乌喇那拉皇后被打入冷宫后一年就死了。乾隆帝下令大大降低那拉皇后的丧葬规格“——照皇贵妃例行”，这就由皇后的国丧，原应由礼部承办，降为家丧，改由内务府承办。这有着本质上的区别。国丧是要布告天下的，全国服丧，而家丧则只局限在皇宫之内。

第一，出殡抬棺，场面极为冷清。皇后出殡是有规定的，按说那拉皇后名号未废，应该使用 128 人抬棺，需用 7920 人。退一步说，降为皇贵妃之礼，其场面也应是很隆重的。因为《大清会典》记载，皇贵妃出殡抬棺杠夫用 96 人夹杠。档案记载那拉皇后金棺出殡，“运送金棺雇夫

△ 裕妃园寝——那拉皇后葬地

64 人，每名银四分，共银二两五钱六分”。查《太清会典》，用 64 人杠夫舁棺的等级为贵人。那拉皇后的丧事从制棺、出殡到下葬，共销银 207 两，还不及皇后大丧时焚化的纸锞银两，真是冷清至极。

第二，不许进入裕陵地宫。向例，崩于皇帝大丧前的皇后，都按制葬入帝陵地宫，这是清陵一条不成文的规定。康熙景陵就陪葬有孝诚、孝昭、孝懿、孝恭 4 位皇后，而乾隆陵寝地宫之中业已将孝贤皇后葬入其中，还祔葬了慧贤、哲悯、淑嘉 3 位皇贵妃。身份尊贵的那拉皇后理应葬于裕陵地宫之中，可是，余怒未消的乾隆帝却将其摒除于帝陵之外。

第三，不给她设神牌，不给谥号。不允许后人祭祀，这是最严厉的惩罚了，尤其不允许她的亲生儿子祭奠她，太没有人情味了。谥号是对一个人的盖棺定论，古人很重视这个。那拉皇后是清代唯一没有谥号的皇后。

那拉皇后遭到这样的宫斗，冤屈而死；去世之后又遭到这样不公的待遇，她的灵魂岂能甘心下葬。据东陵老人讲，那拉皇后的冤魂经常出没，到处游荡，不肯回到陵寝地宫，她实在是太冤枉了。

为慈禧送行

光绪三十四年十月二十二日下午2点45分，慈禧去世。当时，她不在紫禁城里面，而是在西苑仪鸾殿。趁着尸体还没有完全僵硬，隆裕太后下令为慈禧太后举行小敛。《大行太皇太后升遐记事档》记载，慈禧小殓的时间是"光绪三十四年十月二十二日申正二刻始，至酉初一刻十分"，也就是慈禧死后5分钟开始了小殓，持续了55分钟，这还是很迅速的。先是命人掰开了慈禧的嘴，把一颗大大的夜明珠塞了进去。宫中的女主们死后，是按照等级向嘴中塞珍珠，地位高的当然要塞大珠子，地位低的就只有塞小珠子了，可谁也没有慈禧的含口昂贵。压舌之后，隆裕太后就命人给慈禧穿上了慈禧生前精心准备的寿衣。穿在身上的寿衣有三件：最里面的是福寿合体衣，上衣为福字衣，下裤是寿字，中间是团寿字长袍，最外面是佛字龙袍，头戴朝冠，足蹬元宝底鞋，脖子上挂满各式朝珠，珠光宝气。做完这一切，已经是下午4点半了。之后，隆裕太后下了懿旨："谨比照列圣丧礼，逐款改拟。"也就是说要按照皇帝之礼为慈禧治丧。这就太过分了，完全不按规制。要知道，皇帝丧礼要比皇后丧礼规模宏大很多，慈禧毕竟不是皇帝，她的身份其实还是一位皇后。慈禧恐怕也没有想到，自己梦寐以求的帝王梦，居然在死后由她的侄女给实现了。

一是悍然移灵皇极殿。小殓之后就是大殓。什么叫大殓呢？其实就是把死者装进棺材。隆裕太后命人把慈禧的遗体用一顶吉祥轿抬着，出了西苑仪鸾殿。要到哪里去呢？真的是令人意想不到，隆裕太后居然命人给抬到皇极殿去大殓。皇极殿不在西苑，是在紫禁城内，那可是一个极为特殊的地方。隆裕太后在慈禧的丧葬规格上表现出了与众不同，那就是奢华和超越规制——太后在皇极殿大殓、停灵。这就奇怪了，清朝有规定，太后死后要停灵在慈宁宫，慈宁宫是皇太后在紫禁城内住所的正殿。《清宫述闻》记载："孝圣崩，奉安于慈宁宫正殿……孝和皇太后崩，奉安于慈宁宫……康慈皇太后崩，梓宫安慈宁宫正中。"可是，慈禧停灵，隆裕太后却坚持在皇极殿。皇极殿那可是比慈宁宫高级多了，那是乾隆帝做太上皇时养老的地方，规制和皇帝停灵的乾清宫一样。那么，隆裕太后怎么敢用此处为自己的姑姑作为停灵之所呢？除了想表达自己的孝心外，原来是慈禧临死前的遗嘱。《清宫词》记载："孝钦训政四十余年，遗命在皇极殿治丧。"这个胆大妄为的慈禧太后，临死居然下了这样一道旨意，完全按照皇帝的规格安排自己的丧事，难怪隆裕太后要按帝礼治丧。真是太过分了。在皇极殿，隆裕太后命人把慈禧从吉祥轿中抬出来，放到床上。这时候，慈禧生前准

△ 为慈禧太后主持丧事的隆裕太后

备好的大棺材早已停在了大殿的正中，隆裕太后开始指挥众人铺棺，先在棺材底部铺上了一层厚厚的褥子，在上面铺满了大珍珠，然后把慈禧抬起来，放到了珍珠上——躺在珍珠上面，慈禧也不嫌硌着。然后，把大量价值连城的珍宝一件件放在慈禧的尸体周围。这些珍宝，都是人们闻所未闻的，有翡翠白菜、翡翠西瓜、碧玺大莲花、各色宝石的水果等，满满一棺。这一切，一直守候在一旁的李莲英看得一清二楚，默记于心。备受关注的慈禧陵葬宝档案，有多个版本，其中一个就是李莲英口述，他侄子李成武整理的《爱月轩笔记》；另一个就是《清孝钦显皇后陵寝史料》，其中包含有“随葬物品”“山陵供奉”“陵寝陈设”等；再一个就是《清宫述闻》中关于慈禧棺材之中随葬物的相关记录。可是，这些史料记载的内容有很大区别，至今争议很大，但以《爱月轩笔记》最具诱惑力，也最具体。

二是举办了一场中西合璧的丧葬礼仪。隆裕太后为姑姑举办了一次中西结合的奇怪丧礼。首先，灵堂使用电灯。在慈禧的灵堂皇极殿，慈禧停灵期间，为了方便，首次安上了电灯。其次，具有西方色彩的烧饭。在为慈禧烧饭的物品中不仅出现了花圈，还有身穿西方军装的士兵，四匹欧洲品种的高头大马，一辆欧式布鲁厄姆车等。最后，允许行具有西方特色的鞠躬礼。行礼队伍中，出了一件奇怪的事，那就是有好多蓝眼睛黄头发的外国人位列其中。这些外国的公使们虽然也向慈禧的大棺材行礼，但是那些级别低的根本进不了大殿，只能在大宫门外朝着慈禧棺材的方向行礼。在宣统元年九月二十七日慈禧出殡时，早上7点，据档案《孝钦显皇后大事档》记载：“各国大臣等在道旁排班肃立，向孝钦显皇后梓宫鞠躬致敬。”各国使臣按等级、顺序在北新桥东茶棚恭候，待灵柩过来时，按顺序向慈禧棺材行鞠躬礼。最后，日本国为慈禧守制。日本国得知慈禧死亡的消息后，决定日本皇宫为慈禧服丧21日，其间所有进入皇宫的文武官员臂缠黑纱，穿规定的丧服。这可是前所未有的事情。

三是组织了前所未有的庞大出殡队伍。宣统元年九月二十七日，慈禧停灵一年之后，正式出殡，整个队伍真是豪华至极。规模之大，超乎常人想象。走在送葬队伍最前面的是万民旗、万民伞：有直隶各州县的万民伞，恒兴、恒源、恒利等商号送的万民伞，另有慈禧在陕西出逃时收到的万民伞，总数共计达到310柄。随后，是慈禧生前使用的仪驾一份77件，另有慈禧七十大寿时制作的骑驾卤簿一份121件，共计198件；各种前导乐器48件，都作为前导。仪仗队后是抬送棺椁的大杠，京城至第一站宿次燕郊，用80人大杠；从第二站开始用128人大杠，每日分为60班，初班、末班都用校尉，其余用民夫，抬棺人数达7920人。跟在棺材后边的是由武装兵弁组成的护送队伍，不计其数。最后，是由1442辆四套大车和205辆两套轿车组成的皇亲国戚、文武百官的车队。浩浩荡荡，绵延达到20多里，如一条长长的巨龙一样，向东陵缓慢进发。20多里的送葬队伍，真是闻所未闻。

隆裕太后的这些安排，我想就连生性奢靡的慈禧都会大感意外。

「虫蚁」之人

“虫蚁”之人是什么人？就是太监，这句话是康熙帝说的。康熙帝那么伟大，对太监却是这样的评价。他认为太监最下贱，一文不值。主要是他们“六根不全”，遭到阉割之后，丧失了男人的尊严。可是，太监也是人，他们为了生计，不得不那么做，心中的苦楚无人理解。

难回家的“势”

什么叫“势”呢？就是男性生殖器，古人这么叫。这里讲太监净身，就是割掉“势”的过程。

清宫的太监约有 3000 名，却不及明朝三分之一。太监，是因为宫里的需要，没有太监，寸步难行，尤其是那些脏活、体力活，都需要太监来干。

清宫的太监来源多为民间招募。当然也有极少数为战争俘获或年幼犯罪而施以宫刑。直隶（今河北省）是产太监最多的地方。如河间、大成、南皮、任丘、青县、静海等地，昌平、大兴、平谷、宛平也有一些，大概是近水楼台吧。

这些太监一般都是十分贫穷人家的孩子，不然谁忍心把孩子阉割做太监呢？由于贫穷而走投无路，在那个时代，将其“净身”为太监，送进宫去，是出路之一；否则，饥荒年月就会饿死孩子。做太监是需要熟人介绍的；也有贩子，他们以此为生，从中间领取中介费。

将孩子阉成太监，最迟不可超过10岁，一般五六岁为最佳时期，这时孩子还没有成熟；否则，就会有性命之忧。当然，即使是孩子，在那个时代，杀菌消毒的设备都没有，又没有抗生素，死亡率还是很高的。

给孩子阉割，这对于当事人来讲是天大的事，所以需要准备充分：一是立文书。就是手术人和当事人家长要立字据，生死不论，表明是自愿净身，否则，持刀人是不会动手的。而且，还要反复强调，因为人命关天，还涉及孩子的将来，这种事一点儿不能含糊。二是排空肠胃。手术前，孩子要被关进一间单独的房子，三四天吃流质食物，使他们的肠胃处在排空的状态。三是手术费。这种手术费很高昂，风险也大，再加上40多天的护理费，要近百两银子，一般人哪里拿得出呢？这就得打借条了，等孩子进了宫，有了收入，再加收利息偿还。

做这种手术需要专门的房间，密不透风，就连声音都传不出去。房间里面准备一张床，还有绳子、石灰等物。手术过程很悲壮，需要做好准备：一是固定孩子。要先把孩子五花大绑，四肢固定，以防过于疼痛而影响手术。二是塞鸡蛋。为了防止孩子手术时大叫，便把一个熟鸡蛋塞进孩子嘴里，又实惠效果还好。三是孩子的下部满铺石灰，这是为了吸水和消毒。四是最后问话。手术人这个时候就要大声问话了，“是自愿的吗？后悔吗？将来断子绝孙你会恨我吗”等之类的话，一定要孩子一一肯定作答，否则，是不会下手的。

由于准备充分，手术会很顺利。他们的刀很锋利，手法很纯熟，手起刀落，不会持续很长时间。都是这方面的知名专家，如小刀刘，就专门干这种营生，不然孩子家长不会轻易让人做这种手术。手术结束后，善后工作非常关键：在孩子私处插上类似导尿管之类的管子，排除体内的分泌物。孩子手术后会昏迷过去，醒来后，只许进流质食物。这个时候，孩子需要专人照顾，不能离开手术室，而且孩子是不能见风的，不然，就会有性命之忧。40多天后手术处结痂脱落，排尿顺畅，才可以离开。

手术后，孩子家长必须做一件非常重要的事情，那就是处理孩子的割下之物。这个割下之物，古人叫作“势”。这个“势”可不能扔掉，需要特别保护。一般用香油浸泡，再用油布包裹，裹好之后，周围放上石灰，再用红布包住，然后储于“升”中。“升”是古代的一种量器。然后，再把升挂在手术人的房梁之上，这是对孩子将来幸福生活的祈盼，名为“步步高升”“红运高照”。看起来这是手术人对孩子的尊重，实际上他们另有目的。

古人有这样一个观念：“身体发肤，受之父母。”人死之后，连生前脱落的头发和指甲都要保存好，放进棺材之中。所以，孩子为了生计而割下的“势”死后是一定要和死者团圆，一起下葬，方为完整无缺的。刀匠们就是认准了这一点，强行把孩子的“势”挂在自家的房梁上，作为抵押。

刀匠等的这个机会是太监有钱之后，来找他赎“势”。这个代价是很高的，没有个百八十两是拿不回去的。所以，只有那些有了闲钱的太监，才有资格赎回自己的“势”。但是，可怜的太监有几个会有那种闲钱呢，大部分人就放弃了自己的“势”。那些有钱的太监，会尽快赎回自己的“势”，他们很重视这件事。一般来讲，会敲锣打鼓地迎回来，再敲锣打鼓地到父母坟地去告知："爹呀，娘呀，孩儿不孝，把您给我的东西赎回来了"等，连哭带叫地诉说，看上去很悲壮的样子。他们去世之后，就郑重地把"势"放进棺材，一同下葬。

这个太监让慈禧叫苦不迭

今天我要讲的这个太监叫寇连才。寇连才，直隶昌平州人，15岁入宫，在梳头房为慈禧梳头。按照相关资料记载，寇连才入宫很晚，由于家境贫困，15岁自宫，经熟人介绍，入宫当了太监。可是，他这么大了进入紫禁城，却能够在慈禧身边，成为慈禧的梳头房太监，看来很不简单。有人说他聪明伶俐，长相俊美，能说会道，我看应该是兼而有之吧。总之，在慈禧身边活动，说明慈禧很喜欢他，没有这些特点是办不到的。

可是后来，寇连才领到了一个秘密又很重要的任务，就不仅仅是喜欢就能做到了。慈禧要他到光绪帝寝宫去侍奉，那可是喜欢加信任了。那是肩负了非常重要的任务，光绪帝的一举一动、一言一行，尤其是关于变法等重大事项，需要这个机灵的小太监一一汇报。

可是，慈禧万万没有想到自己看走眼了，这个寇连才不是自己想要的那种人。寇连才在和光绪帝的接触中，看到的光绪帝不是昏庸无道，而是一个忧国忧民的好帝王；相反，自己的大恩人慈禧太后则是卖官鬻爵、生活腐化堕落之人。有一件事对他刺激最大，那就是光绪二十年十月二十八日，光绪帝的珍妃遭到慈禧的暴打，可怜的光绪帝却无能为力。寇连才一打听，才明白根本不是什么大事，是珍妃得到皇帝宠爱，慈禧的侄女皇后吃醋到慈禧那里去告状，慈禧借机惩处了珍妃。宫里面议论纷纷，慈禧下手太重了，珍妃被打得奄奄一息。寇连才感到毛骨悚然，自己崇拜的老佛爷原来这么狠毒；自己监视的对象原来是很好的人，很正直的人。

于是，寇连才的心理慢慢发生了变化。他主要是不明白，宫里的事太复杂多变了。于是，这个年仅 18 岁的青年没有别的办法，只有眉头紧蹙，他心情极为压抑，给人感觉他好像是着了魔一般。结果真出事了。

光绪二十二年二月初十，慈禧正准备休息，忽然看见地上跪着一个人，定睛一看是寇连才，还以为他有重要的事报告呢，说道："有什么事明天再说吧。"可是，寇连才就是不起来，反而哭泣不已，只听他说道："老佛爷，国家已经处在危难关头，您不为国家社稷着想，也要为自己的后路想想啊。可您却不顾一切，这要出大事的呀！"慈禧一听，既惊讶又愤怒，她怒斥道："滚出去，别在这烦我。"寇连才悻悻而归。

按说，一个小太监办这么大的事，本来比登天还难，既然已经遭到

△ 慈禧太后坐平底船照片

慈禧痛斥，寇连才应该悬崖勒马，不然会很危险的。可是，他居然要将此事进行到底。

他向光绪帝请了5天假，然后跪别皇帝。光绪帝觉得很奇怪，请假干吗这么隆重呢？结果，就在这5天时间里，出大事了。二月十五日，寇连才居然上了个折子，里面有十条建议：请慈禧把政权交给皇上；请停止宫中演戏；请废止修建颐和园；请回皇宫办事；请革李鸿章的职；请与日本打仗；等等。最令人惊奇的是最后一条，说皇上至今还没有生儿子，请仿照古代尧舜的做法，选择天下最贤德的人，立为皇太子。这个大胆的寇连才，竟然敢于上这样的折子，这不等于刺激慈禧吗？

慈禧一看这个折子，差点没气乐了，心说我要亲自审理这个大胆的小太监，一定有人指使，不然他怎么懂这个呢？于是，召来寇连才。

问："谁指使你的呢？"答："没人指使，是我自己的行为。"问："那你背一遍内容，我便信。"寇连才背诵一遍，毫厘不差。问："你难道不知道太监不许干政吗？"答："知道，我是为太后和皇上着想。"答："好吧，那我就成全你。"慈禧叫苦不迭，心想怎么会培养了这么一个白眼狼，于是，命人绑了寇连才，交给刑部问斩。

第二天，寇连才被押赴菜市口，临行前，他把随身值钱的东西送给了同事；行刑前，又把一枚碧玉戒指给了刽子手说："您费心快点儿吧。"从容赴死，在场的人无不为之落泪。

这个年仅18岁的小太监就这样结束了年轻的生命，他是清宫中所有太监中最值得敬佩的人。

"小安子"该杀

"小安子"就是安德海（1844~1869），清末宦官，直隶南皮人。他在八九岁时净身，约十岁进宫，在咸丰帝身边为御前太监。由于聪明伶俐，善于奉承，他很快就得到了咸丰帝的信任。咸丰帝死后，安德海被慈禧看中，成为慈禧的心腹。

清宫中的太监，要说飞扬跋扈、不懂规矩的，安德海数第一。可能大家有点儿奇怪，他这么小小的年纪，何以如此？大致有两个原因：一是立有大功，有专家考证，安德海在辛酉政变中立有大功，据说为了让他出承德行宫，慈禧不得不使用了苦肉计，把他打得皮开肉绽，轰出宫去，肩负了到北京与恭亲王奕䜣穿针引线的作用，终于完成了重大使命，为政变成功立下了汗马功劳。二是慈禧太后的宠爱，要说他的级别并不高，六品蓝翎，可是，慈禧却把他视为心腹，于是，这个小太监便有了大靠山，胆子也就越来越大。那么，这个胆大妄为的安德海都干了什么事呢？

第一，四处树敌。安德海由于有慈禧做靠山，谁都不放在眼里，胡作非为。要不怎么说他没文化呢？他小瞧皇帝，把同治帝视为小儿，引起同治帝愤恨；离间两宫太后，慈安和慈禧之间的关系本来就非常敏感，安德海不时在旁边吹风，离间两宫，引起慈安不满；小瞧恭亲王，那奕䜣正在蒸蒸日上之时，安德海也敢于在慈禧面前说三道四，消息传出来，心高气盛的恭亲王大为动怒；等等，这些当时清宫中的顶级人物都被安

▷ 丁宝桢

德海给得罪了。

第二，处事张扬。同治七年冬天，安德海居然在北京最大的酒楼——前门外天福堂大酒楼张灯结彩，大摆酒宴，正式娶徽班唱旦角的年方 19 岁的美人、艺名九岁红的马赛花为妻。慈禧太后为了表示宠爱，特地赏赐了白银一千两，绸缎一百匹。他也真是太胆大了，慈禧也是太荒唐了。

第三，违制出宫。同治八年七月初，安德海乘坐两只太平楼船，沿着京杭大运河顺流南下，奔杭州而去。安德海此番出京，实属胆大妄为，至少违反了这些宫规：

擅离皇城。早在顺治年间，顺治帝就明确规定，太监不是奉旨，不得离开皇城半步。

擅自张挂旗帜。安德海的楼船上悬着两面大旗，写着“奉旨钦差，采办龙袍”八个大字。大旗上又有一面小旗，中绘一个太阳，内有一只三足乌。安德海在船上挂出三足乌旗，无异于公然宣告，为慈禧太后办差。楼船的两旁插有若干龙凤旗帜，随风飘扬。这些带有特殊意义的旗帜，安德海也敢于张挂，而且招摇过市，真是胆大包天到了极点。

张扬过市。安德海不仅大肆张扬，而且排场极大：仪卫煊赫，歌女陪伴，女乐成队，而且，还在楼船上大摆筵席，接受左右参拜。

安德海既然张扬了这等地步，他的好日子也到头了。当他的楼船路经山东地界的时候，一个叫丁宝桢的巡抚终于忍无可忍，命东昌府知府与济宁州知州等沿途府州县将安德海等“一体截拿在案，解省由其亲审”，同时于七月二十九日将此事以四百里奏折火速上呈慈安皇太后和同治帝。

八月初六，丁宝桢接到由军机处寄发的密谕，内称：“该太监擅离远出，并有种种不法情事，若不从严惩处，何以肃宫禁而儆效尤。着丁宝桢迅速派委干员于所属地方将六品蓝翎安姓太监严密查拿，令随从人等指证确实，毋庸审讯即行就地正法，不准任其狡饰。如该太监闻风折回直境，即着曾国藩饬属一体严拿正法。倘有疏纵，惟该督抚是问，其随从人等有迹近匪类者，并著严拿分别惩办，毋庸再行请旨。”八月初七，丁宝桢亲自查验确实后，遵旨将安德海就地正法于济南。

这就是胆大妄为的下场，安德海以自己的冒险妄为丧失了宝贵的性命，这一年他刚刚25岁。

“掉脑袋”的大总管

这个大总管就是李莲英（1848~1911），原名李进喜，慈禧太后赐名连英，俗作莲英。他是慈禧太后的总管太监，陪伴慈禧太后近52年，是清末最有权势的宦官。

就太监这个行业来讲，李莲英是最成功的。从以下几点说明：

一是久宠不衰。李莲英于咸丰六年9岁入宫，到宣统元年61岁离开皇宫，前后长达52年。半个多世纪的太监生涯，非常不容易。可以想见，他凭借机灵的头脑、如簧的口舌，侍奉喜怒无常的慈禧太后，几十年久宠不衰是一个奇迹。

二是封赠最高的品级。光绪二十年，是李莲英最难忘的一年。这一年他46岁，大权独揽的慈禧太后意外地赏给他二品顶戴。这可是破天荒的事情，要知道这是慈禧破坏祖制的做法。因为，雍正帝明确规定，宫中太监品级不得超过四品，而李莲英被封赠二品顶戴，是从来没有过的事情。

三是打不倒的不倒翁。毫无疑问，李莲英作为一代权奸，很容易遭到朝臣的弹劾，而且，清朝就有这样的部门，专门弹劾朝中的权臣。李莲英虽多次遭到弹劾，但每次都能平安度过。比如，光绪十二年，御史朱一新上书弹劾李莲英，说李莲英妄自尊大，结交地方官员，收受贿赂，理当查证。慈禧马上命人查证，结果，查无实证，朱一新反被降级处理。再如，光绪二十年，甲午战败，朝野内外一片哗然。御史们纷纷上书弹劾李鸿章和他的北洋海军。其中，福建道监察御史安维峻奏折中有“和议出自皇太后，李莲英实左右之”，说对日本的决策看起来是皇太后决定的，实际已被李莲英左右了。这句话成为人们抨击李莲英干预朝政的一大证据。当然，在慈禧的高压之下，李莲英得以保全，安维峻被革职充军。

尽管如此，李莲英的下场并不好，最终结果是身首异处，脑袋被人砍掉了。李莲英是宣统三年去世的，葬于阜成门外海淀区八里庄西二里的恩济庄关帝庙北边李公祠，按说没什么问题，可是，“文革”期间，他的墓地被打开，开启棺材后发现只有一颗头颅和一条长辫子，身体骨骼没了，结论是身首异处。专家们考证，众说纷纭：

一说是被隆裕太后处死的。说是

△ 太监李莲英

把他处死之后，还夺回了平日慈禧赏赐的大量珍宝。这恐怕不合史实。

一说李莲英被人暗杀。这个人就是袁世凯的红人，九门提督江朝宗。江朝宗给李莲英下了一张请柬，邀请李莲英在什刹海会贤堂吃饭。面对这张非同一般的请帖，李莲英犹豫不定。权衡半天，李莲英最后决定准时赴宴。不过，他万万没料到在回家的路上，被人杀死。事后，其家人在后海找到了李莲英的头颅，身躯却不知下落。

一说被江洋大盗所杀。说李莲英赶赴山东讨债，结果在山东与河北交界处，被江洋大盗所杀。家人在那里只找到了他的头颅，却不见了身体。

一说被革命党人所杀。革命党人把李莲英和慈禧太后联系在一起，等他被迫出宫之后，革命党人伺机杀害了他。

一说李莲英是病死的。这是他的过继孙女李乐正的说法，说他在1911年得了痢疾，腹泻不止，突然去世。

等等，这个烜赫一时的权监，死因种种，真假难辨。

宫中的『灰姑娘』

这里我说的是那些宫女们。清宫的宫女也是通过选秀女进入宫廷的，不过她们不是通过户部选择，而是由内务府操持选择的。这些女人出身卑微，一进宫就像被贴了标签一样，灰蒙蒙的，抬不起头来，因为她们是来侍奉人的。宫女们进宫后，侍奉那些高傲、娇性的后妃们，成为宫中奴婢。后妃们不如意的时候，会拿她们出气；帝王寂寞的时候，会招惹她们。这些灰色的女人们心里不知有多苦，她们会逃跑、会自杀，也有的会利用皇帝好色的心理而勾引皇帝，借此改变自己的悲苦命运。

戴枷锁的宫女

什么是宫女呢？现在好多人对这个概念不是很明白，认为清宫那些女子中，除了后妃嫔御之外，都是宫女。我们考证，清朝的宫女很有特点，是清宫中不可或缺的组成部分。

更正两点认识：一是清宫中都是谁可以使用宫女。我们看到一些电视剧中，皇帝身边有很多年轻漂亮的宫女，甚至和皇帝产生感情纠葛。我们还看到乾隆帝的一些行乐图中有宫女陪伴左右。按说这些图都是清朝宫廷画师画的，应该是真实的。但实际上，我们查阅了一些清宫档案，并没有发现皇帝使用青年宫女的记录。二是宫女的出身。大家认为，宫女是伺候人的下人，她们一定都是最低下的奴才出身。可是，我们查到雍正七年的一份上谕：“嗣后凡挑选使令女子，在皇后、妃嫔、贵人宫内者，官员世家之女尚可挑入；如遇贵人以下挑选女子，不可挑入官员世家之女。”从雍正帝这个上谕中，我们清楚地看出，后宫中，贵人以上的宫中女主必须使用官员人家之女，这些宫女也都是大小姐；而只有那些常在、答应身份的人，才使用低贱出身的宫女。

尽管如此，我们还是很难分清什么是宫女，什么是皇帝的秀女。这两种人在以下两个方面真的很接近：一是年龄。凡是年满 13 岁的旗人之女，要参加每年一次的选宫女活动。这些女孩子的年龄和皇帝选老婆的秀女年龄没什么区别，基本一样。宫女在宫中服役 10 年之后才可以嫁人。但是，10 年之后，已经是大龄青年了，怎么还能嫁得出去呢？二是皇帝要亲自选看。这就很新鲜了，皇帝又不使用宫女，干吗要亲自看呢？很明显，这些好色的皇帝是别有用心的，他们极想有意外的收获。在选看的过程中，皇帝难免会想入非非，那些入眼的女子，最终落入他们的手里。

不管怎样，宫女在清宫中都是最低下的人群，她们是侍奉宫中女主的奴仆阶层。因而，在宫中，宫女们的规矩非常多，就像枷锁一样：

第一，行动不自由。毫无疑问，宫女的行动受到严格限制，只要遇到男人出现，宫女们必须回避，不许出现。而且，宫女们在宫里不许大声喧哗，说话要轻声细语。不仅如此，宫女们连自杀的权利都没有，宫中规定，凡是用刀子自杀的，斩立决；自杀被救活的，要发配伊犁给兵

◁ 宫女图

丁为奴；凡是自杀身死的，要抛尸荒野，亲属发配伊犁给兵丁为奴。

第二，吃饭不自由。宫规明确规定，宫女们不许乱吃东西，有的食物，即使特别想吃也不行。比如，鱼、虾、韭菜、葱、蒜等，这些会产生气味的东西，一律不准吃。这主要是怕侍奉主子的时候，喷出的气息惊扰了主子。夏天的时候，宫里会有大量西瓜，可是，宫女们不许吃，怕她们吃了坏肚子，耽误正事。可是，宫女们侍奉主子们，经常看到餐桌上有这些美味，心里会多难受啊。

第三，交朋友不自由。一般来讲，小姑娘进入宫廷，干着枯燥无味的工作，会非常寂寞，难免交一些朋友，尤其会结交太监，好有个照应。可是，清宫对此严令禁止。康熙帝规定，如果太监宫女结交朋友，将严惩不贷；咸丰帝更是具体规定，一旦发现，将在被暴打之后，驱逐出去，家属还会被发配伊犁为奴。

这些枷锁束缚着她们，捆绑着她们，使她们与高高在上的后妃们产生天壤之别，她们真的不愿意进入这个宛如地狱一样的皇宫。

“罪恶”的标签

生活在深宫中的宫女，每天侍奉主子们，心里也会产生梦想：什么时候自己也有这样的机会呢？坐在宝座之上，手里拿着如意，呼奴唤婢，尽享人生快乐。所以，她们经常会幻想有一天会实现这些梦想，尽管这会很难。那么，宫女们有成功转型的例子吗？还真有，康熙帝、乾隆帝和道光帝的后宫均有成功的实例。

康熙帝的宫女（良妃）

一个辛者库小官员的女儿，姓卫，进宫成为宫女。这个女人非常漂亮，而且唾液生香，所以，吸引了康熙帝。康熙帝很快召幸了这个女人，并且使之怀了孕。康熙二十年生下了皇八子胤禩，一时间康熙帝高兴万分。可是，宫女的出身成为她们挥之不去的标签，不管多么努力，也很难改变皇帝对她们的成见。后来证明了这一点。当良妃的儿子和其他皇子一样竞争太子之位的时候，康熙帝无情地挖苦他们母子道：“你乃辛者库罪籍出身，有什么资格成为太子呢？”最后，良妃戴着这个罪恶的标签凄惨地离开了人世。

乾隆帝的宫女（哲妃）

乾隆帝还是皇子的时候，有一个清秀温柔的宫女被派来侍奉他的起居。这个宫女就是富察氏，佐领翁果图之女。正在青春期的弘历一下子被这个女子的气质所吸引。就好比我们看《红楼梦》中的贾宝玉和袭人一样，他们很快发生了性关系。虽然只是一名宫女，但是富察氏善解人意，无微不至地照顾主子，令弘历如痴似醉地爱上了她。查阅档案的时

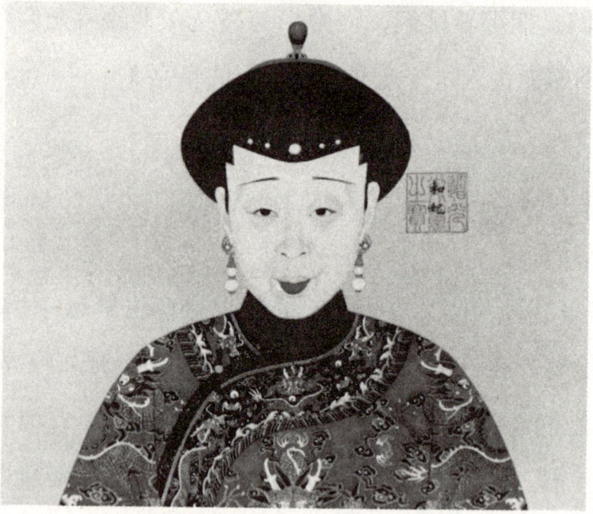

△ 和妃像

候，这个女人给我们留下了深刻的印象：第一，最早给乾隆帝生育了孩子。雍正六年五月二十八日，乾隆帝 17 岁那年，他做了父亲，是这个日夜侍奉的宫女富察氏给他生育了大阿哥永璜。弘历更爱这个女人了。雍正九年，富察氏再给他生育了一个公主，就是皇二女。密集的生育，使得两个人的感情日渐升温，快要离不开了。第二，这个女人命运不是很好，大家想，弘历这么喜欢她，又生育那么多孩子，将来的前途必定不可限量。弘历还没有即位，已经对这个女人另眼相看了。而她也已经不是侍奉弘历的宫女，成功转型为侧妃了。乾隆自己想，将来我有机会即位为帝王，一定善待她。可是，这个女人真是命运不好，雍正十三年七月初三，居然一病归天，死了。这离雍正十三年八月二十三日雍正帝去世，相差不到两个月。就在她去世之后两个月，深爱她的弘历即位了，这就是乾隆帝。当然，乾隆帝也没有亏待她，为亡妻做了两件大事：一是追封为皇贵妃。乾隆帝一即位，先把这个女人追封为哲妃——虽然她已经去世，但是追封为妃子，她的子女和家人也会沾光的。荣誉并没有结束，乾隆十年，居然再次晋封，由哲妃一跃为皇贵妃，已经达到非常的高度了。二是葬进裕陵地宫。乾隆十七年十月二十七日，乾隆帝把哲悯皇贵妃葬进裕陵地宫，让她世世代代陪伴在自己的身旁，这是乾隆帝给予的最大恩赐了。可是，不管乾隆帝做了什么，她宫女出身的标签一直没有被摘下来。乾隆十三年，孝贤纯皇后去世，富察氏的儿子永璜企图竞争太子之位，乾隆帝愤怒地骂他："想都别想，你的出身决定了你的前途，不会有这个机会。"永璜抑郁寡欢，感觉前途无望，不久病逝，年仅22岁。

道光帝的宫女（和妃）

相比之下，道光帝的这个宫女就更加不幸了。因为，道光帝并不爱这个宫女，她的一切荣誉都来得非常被动。先是被动怀孕生子，道光帝结婚很早，在嘉庆元年他刚刚13岁的时候就已经奉命结婚了。可是，道光帝的婚姻一直笼罩着阴影，那就是他总不生育。妻妾成群，就是没有怀孕生子的。这可急坏了嘉庆帝，因为，嘉庆帝已经把他秘密立为储君了。这要是不生育可怎么办呢？焦急万分的嘉庆帝等待着，一直等了13年，道光帝都已经26岁了，还是膝下无子。嘉庆帝急得不行，正在这个时候，突然传来好消息，道光帝的一名姓那拉氏宫女怀孕了，并且生下了一个皇子，这就是奕纬。嘉庆帝这才舒了口气，心想，道光帝总算有生育能力了。于是，他下旨，将那拉氏由宫女转为侧妃，她在被动中成功转型了。可是，道光帝并不爱那拉氏母子。他不爱这个女人，可能有多方面的原因，其中，宫女出身是最主要的原因。所以，那拉氏的封赠并不高，道光二年封为和嫔，三年封为和妃，之后，她不仅没有生育过，位号也没有再晋升过。而且，她所生的儿子奕纬还遭到了不公正的待遇：不立储，不封爵。当奕纬病重之时，道光帝竟然把他一个人扔在了圆明园，管都不想管，真是可怜至极。

走钢丝的宫女

宫女敢冒险走钢丝吗？这很难说。我在查阅清宫档案的时候，还真查到了敢走钢丝的宫女。奇怪的是，这些走钢丝的宫女都是咸丰帝身边的宫女。

我想，咸丰帝身边的宫女如此大胆，敢于冒险走钢丝，应该是两个因素造成的：一是咸丰帝懦弱的性格，大家都知道咸丰帝有个懦弱而善良的性格，所以，他身边的人极容易冒险，即使是违反了宫规，也会渴望善良的咸丰帝能够原谅她们；二是咸丰帝好色的性格，会造成宫女们冒险犯错，资料都记载咸丰帝经常“以醇酒和妇人自戕”，宫女们在他面前晃来晃去，一定会生出很多是非来。举几个例子，来说说咸丰帝身边那些敢于走钢丝的女人们。

走钢丝的徐佳氏

徐佳氏的父亲是一个低级的小官领催，长相非常漂亮的徐佳氏很快吸引了好色的咸丰帝，被封为玫贵人。她庆幸自己的运气，庆幸自己的长相，于是，便迷失了自我，开始恣意妄为。大家可能要问，她一个宫女出身，地位低下，难道还敢破坏规矩吗？她敢：一是敢于凌辱、虐待宫女。清宫早有宫规，主位之人不许虐待宫女，徐佳氏刚刚由宫女转为贵人就忘本了，居然敢于凌辱、虐待宫女，严重违背了宫中规矩。二是与太监孙来福眉来眼去，十分轻浮，这又严重违反了宫中规矩。这个徐佳氏竟然敢于这样猖狂地违背宫规，咸丰帝再善良也忍无可忍，于是，咸丰帝严厉下旨，把她由贵人降为常在，接着又降为宫女。不老实，把你降回宫女，该干吗干吗去。这个胆大妄为的徐佳氏这回真老实了，一夜之间又回到了旧社会。

不过，咸丰帝很善良，最终还是原谅了徐佳氏，一年后，又把她册封为常在，咸丰八年居然还生了一个小皇子，可惜生下来就夭折了。尽管如此，这个敢于冒险走钢丝的徐佳氏总算脱离了宫女的悲苦地位，一步步走向更高的女主地位。

△ 玫贵妃像

走钢丝的“四春”娘娘

“四春”是谁呢？她们是咸丰帝身边的四个宫女，即杏花春、牡丹春、海棠春、武陵春。这四个女子，出身卑贱，比如，海棠春的父亲常顺是个厨子，其他女子还有出身是园户的，还有是主事的等，总之都是出身卑贱之人。不过她们长相漂亮。但是，仅凭这一点，就敢于勾引好色的咸丰帝，真是胆子太大了。因为咸丰帝的后宫之中，有两个人最厉害，闹不好，“四春”会死无葬身之地的。这两个人是谁呢？

一个是皇后钮祜禄氏，也就是后来的慈安皇太后。这个钮祜禄氏非常厉害，她掌管后宫大权，不要说后妃管得很严，就是咸丰帝也要惧怕她几分。比如，有一段时间咸丰帝经常流连在兰贵人那里，不上朝，皇后钮祜禄氏就拿着家法，强行把咸丰帝弄了出来，兰贵人还差点儿遭到处罚。

另一个就是懿贵妃叶赫那拉氏，也即后来的慈禧。我们看过《垂帘听政》，里面的懿贵妃和丽妃争宠，后来慈禧当政，狠狠地处置了丽妃。其实，这是虚构的。丽妃没有和懿贵妃争宠，而“四春”倒真的和懿贵妃争宠了。懿贵妃得宠的时候，咸丰帝迷恋上了“四春”，这可能是咸丰帝的好色本性决定的，他整天流连在女人堆里面。所以，《清宫词·羊车》中这样写道：“羊车望断又黄昏，懒却新妆掩苑门。风逗乐声歌燕喜，不知谁氏已承恩。”大家都不知道这个好色的咸丰帝这会儿是在谁的房间里呢。“四春”不知道懿贵妃有多厉害，她极富心机，善于弄权，她真要来真格的，“四春”绝对败在她的手下，那就很危险了。

所以，大家看，“四春”真的很不怕死，竟然敢于在这么危险的后宫里面勾引咸丰帝。还好，皇后和懿贵妃并没有对她们下毒手。这四位都活了下来，最长寿的一直活到光绪三十一年。